청년단기선교
A to Z

죠이선교회는
예수님을 첫째로(Jesus First)
이웃을 둘째로(Others Second)
나 자신을 마지막으로(You Third) 둘 때
참 기쁨(JOY)이 있다는 죠이정신(JOY Spirit)을 토대로
하나님 나라의 확장을 위해 지역 교회와 협력,
보완하는 선교단체로서 지상명령을 성취한다는 사명으로 일합니다.

죠이선교회출판부는 죠이선교회 사역의 하나로
성경 공부, 제자 훈련, 전도, 해외 선교, 교회 학교에 관한
좋은 책과 전도지를 발간하여 한국 교회를 섬깁니다.

청년단기선교 A to Z

Copyright ⓒ 2008 이충성

본 저작물은 신저작권법에 의하여 한국 내에서 보호받는
저작물이므로 무단 전재와 무단 복제를 금합니다.

Practical Guide for Short-term Missionary

청년단기선교
A to Z

이 충 성 지음

죠이선교회
Jesus first Others second You third

Contents

단기선교를 준비하는 모든 청년에게 권합니다 _이태웅, 김석준, 염부섭 6
단기선교사 관리에는 도가 튼 베테랑 선교사 이부장이 이 책을 쓰게 된 사연 8

1 이부장, 선교를 논하다

선교사, 부담스러운 이름 14 • 나는야 단기선교사 17 • 단기선교란? 22

2 청년단기선교사의 탄생 _ 준비에서 출발까지

선교정보와 접촉했다면, 당신은 이미 시작한 것이다 26 • 하나님의 부르심 30 • 자격 미달? 36 • 결정해야 할 일들 44 • 후원 모금은 이렇게 49 • 선교훈련을 꼭 받아야 하나요? 53 • D-day를 한 달 남겨두고…… 61

3 선교지에서(1) _ 청년단기선교사의 생활

드디어 그곳을 밟다! 66 • 적응과 문화충격 68 • 입국 초기에 필요한 긴급한 도움들 72 • 언어는 현지화의 열쇠 75 • 경건 생활을 사수하라 78 • 시간 관리도 필요하다 80 • 건강을 지키는 가장 좋은 방법 84 • 재정 관리의 기본자세 87 • 주님의 성육신을 본받으라 90 • 단기선교사와 적응기간 97

SM 01》 JOY의 SM 제도를 소개합니다 21
SM 02》 SM 지원 자격 45
SM 03》 SMTC 후원 원칙 및 후원관리자 모델 50
SM 04》 SMTC의 훈련 커리큘럼 54
SM 05》 보안메일 쓰는 법 130
SM 06》 '누구나 읽고 싶어하는' 기도편지 작성 요령 132
SM 07》 SMTC의 디브리핑 145
SM 08》 SMTC의 사후프로그램, SM School 151

4 선교지에서(2) _ 청년단기선교사의 사역

사역을 시작하다 102 • 사역의 종류와 동참 106 • 언어와 사역의 관계 111 • 사역의 대부분이 인간관계다 113 • 보안이라는 문제 128 • 정기적으로 소식 전하기 131

5 청년단기선교사의 귀환 _ 귀국과 그 이후

귀국 결정과 준비 138 • 선교지 사역의 정리 139 • 반가운 고향, 그러나 적응이 필요해 143 • 마지막 부담, 선교보고 146 • 단기선교는 아직 끝나지 않았다 149 • 새로 열린 길 152

그리스도 안에서 동역자 된 청년단기선교사들에게 154
* 한 눈에 보는 '단기선교 A to Z' 158

장기선교사를 위한 Tips 01〉〉 한 팀에 몇 명의 단기선교사를 받을 수 있을까? 23
장기선교사를 위한 Tips 02〉〉 선교지에 찾아온 단기선교사를 어떻게 볼 것인가? 35
장기선교사를 위한 Tips 03〉〉 단기선교사를 맞이하는 선교팀장의 자세 56
장기선교사를 위한 Tips 04〉〉 단기선교사와 대화할 때 금기사항 59
장기선교사를 위한 Tips 05〉〉 단기선교사 입국 초기에 필요한 긴급한 도움들 72
장기선교사를 위한 Tips 06〉〉 단기선교사의 언어능력, 어디까지 요구해야 할까? 77
장기선교사를 위한 Tips 07〉〉 단기선교사의 사역 참여 107
장기선교사를 위한 Tips 08〉〉 어떤 사역을 맡겨야 할까? 109
장기선교사를 위한 Tips 09〉〉 성취감을 맛보게 하라 112
장기선교사를 위한 Tips 10〉〉 단기선교사에게 영향력 있는 리더십은? 127

Recommend
단기선교를 준비하는 모든 청년에게 권합니다

단기선교가 서구에서는 이미 없어서는 안 될 선교의 한 중요한 양식으로 자리매김한 지 오래다. 우리나라도 단기선교 운동이 매우 활발하게 전개되고 있다. 이와 같은 단기선교의 성장세에 비하여 단기선교를 위한 지침서가 턱없이 부족한 것은 매우 안타까운 일이었다. 자신이 단기선교의 경험이 있으며 동시에 베테랑 장기선교사인 이 부장은 자신의 경험과 함께 그가 알고 터득한 선교학을 토대로 하여 이 책을 썼다. 부디 이 책이 많은 단기선교 지망생은 물론이고 단기선교에 관심이 있는 파송교회 목회자와 선교위원들, 교인들에게 필독서가 되기를 추천하는 바이다.

이 태 웅 한국글로벌리더십연구원(GLfocus.org) 원장이 책은 책제목과 달리 장기선교사가 꼭 보아야 할 책이다. 장기선교사에겐 팀 사역과 리더십을 위한 지침서요, 단기선교사에겐 출발부터 귀국끼지 방향을 잡아줄 나침반이며, 교회에겐 선교이해 망원경과 같다.

김 석 준 OMF C국 선교사

한국 선교가 많은 발전을 거듭해 왔음에도 불구하고 선교 전반에 대한 '건전한 선교 지침'(The Best Practice)의 부족을 절감해 온 것이 사실이다. 특별히 1-3년간의 단기선교가 보편화되어가고 있는 이 시점에서 글로벌 시대에 맞는 '건전한 선교 지침'은 더욱 절실하다. 이 책은 많은 실전 경험을 바탕으로 단기선교의 ABC를 잘 정리하고 있다는 점에서 고무적이다. 단기선교를 준비하는 사람들에게 꼭 필요한 책이라 여겨진다.

염 부 섭 사랑의교회 청년부 및 선교 담당 목사

Prologue

단기선교사 관리에는 도가 튼 베테랑 선교사 이부장이 이 책을 쓰게 된 사연

태국 북부의 한 도시, 남부와 달리 상쾌한 바람이 부는 아름다운 곳에서 선교사들을 초청해서 회의도 하고 단합을 도모하는 자리가 마련되었다. 회합이 열리는 호텔도 예상보다 훨씬 좋은 곳이라서 모두 함박웃음을 띤 채로 모임이 진행되었다. 이 회합의 하이라이트는 3일간의 부부세미나로, 모든 부부선교사의 마음을 설레게 하는 순서였다. 그런데 아이들은 절대로 함께 할 수 없다는 세미나 주최 측의 원칙이 완강했기 때문에 어쩔 수 없이 자녀들을 단기선교사들에게 맡기기로 하고 협조를 구했다. 단기선교사들은 순번으로 아이들을 돌보아주기로 약속했다. 하지만 시간이 갈수록 화기애애한 부부세미나의 분위기와는 달리, 아기를 보는 임시 유아원의 분위기는 그다지 좋지가 않았다. 그도 그럴 것이 아기를 낳아 길러보지 않은 미혼 단기선교사들이 남의 아이들을 돌보는 것이 쉽지 않았을 것이고, 주최 측의 배려가 미흡한 탓도 있었다. 더욱이 부부세미나 장소에서는 웃음이 만발하는 좋은 분위기가 연출되는 동안, 배후에서는 이 좋은 장소에서 쉬지도 못하고 아이들과 씨름하는 단기선교사들의 값비싼 대가가 지불되고 있었다. 급기야 저녁에 폭발해 버렸다. 단기선교사들은 단체행동을 하여 주최 측에 항의를 했고, 밤 11시에 긴급회의가 열렸다. 단기선교사들은 많은 불만을 털어놓았고, 약간 험악한 분위기가 조성되기도 했다. 나는 그 이야기를 들으면서 과거 단기선교사 시절을 생각해 보았다. 그들의 마음을 헤아릴 수 있을 것 같았다. 단기선교사들의 불만은 여러 가지였지만 나에게는 그들의 말이 단 한 마디로 들렸다. "장기선교사들이 우리를 무시한다구요."

갈등……

갈등 때문에 이 책을 쓰기로 마음먹었다면 지나친 말일까요? 하지만 선교지의 갈등은 현실입니다. 단기선교사들은 이렇게 불평합니다. "우리 팀장(장기선교사)은 우리의 생활을 이해하지 못하고 늘 자신의 입장에서 우리에게 요구만 해." 장기선교사들에게도 불만이 있습니다. "단기선교사들은 헌신은 적으면서 자신이 마치 대단한 선교사인 양 착각하고 살아." 양쪽 말에 모두 일리가 있습니다. 하지만 이런 불만이 때로는 갈등으로 발전하고, 이러한 갈등에 마음을 빼앗겨 돌봐야 하는 영혼을 돌보지 못하거나 선교의 계획이 틀어지는 등 많은 시간과 자원이 낭비되는 결과를 낳습니다. 때로는 그 갈등 때문에 하나님 나라가 확장되지 못할 수도 있다는 것입니다. 참 안타까운 일입니다.

나는 선교사의 첫 2년을 단기선교사로 보냈습니다. 그때 우리 팀 안에도 긴장과 갈등이 있었습니다. 생각해 보면 나는 그 갈등을 제공하기도 했고, 또 그 갈등 때문에 힘들어하기도 하는 전형적인 단기선교사였습니다. 때로는 팀장 선교사님을 원망했고, 때로는 다른 선교사들이 답답하게 보였습니다. 지금 와서 생각해 보면 참 부족한 선교사였지요.

이처럼 선교지의 갈등은 생각보다 흔합니다. 그런데 이 갈등의 가장 깊은 원인은 서로를 이해하지 못하는 데서 옵니다. 단기선교사의 길을 겪어보지 않은 대부분의 팀장(장기선교사)들은 단기선교사의 아픔을 이해하지 못하고 팀의 원칙만을 요구합니다. 반면 단기선교사는 선교팀을 넓은 시야에서 바라보고 전체를 책임지는 장기선교사의 부담을 이해하지 못합니다. 또한 많은 경우, 장기선교사와 단기선교사의 나이차가 스무 살 이상 되기 때문에 대화하는 것도 쉽지 않습니다. 그래서 각별히 노력하지 않으면 장기선교사와 단기선교사는 서로 이해하지 못한 채 점점 갈등 가운데로 들어갈 수 있습니다.

단기선교사는 100미터 혹은 200미터 단거리 경주 선수에 비교할 수 있습니다. 그들은 전력질주를 하여 짧은 시간에 승부를 보려고 합니다. 반면 장기선교사는 마라톤과 같은 장거리 경주 선수와 같습니다. 그들은 적절한 페이스를 지키고, 힘을 잘 배분해야 최후에 승리를 맛볼 수 있습니다. 두 사람의 출발점은 비슷할지 몰라도 그 결승점은 완전히 다릅니다. 그렇게 단기선교사와 장기선교사는 다른 종목의 경주에 출전한 육상선수처럼 많은 차이가 있습니다.

하지만 선교학이나 선교에 관련된 지식은 그 차이에 관심을 많이 기울이지 않습니다. 더 정확히 말하면 모든 이론과 자료가 다 장기선교사를 위한 것들입니다. 그래서 더욱 '단기선교사를 무시한다' 는 생각이 들게 합니다.

이런 마음이 이 책을 쓰게 하는 동기가 되었습니다.
내가 2년간의 단기선교사 시절을 겪는 동안 뚜렷한 지침이 없어서 안타깝기도 했고 좌충우돌하며 배우기도 했습니다. 그래서 몸으로 느낀 것을 단기선교사들에게 알려주고 싶었습니다.
지금 우리 팀은 유독 단기선교사가 많습니다. 우리 팀의 사역에서 단기선교사의 역할은 매우 중요합니다. 그래서 많을 때는 10명이 넘는 단기선교사가 있었고, 지난 5년 동안 이곳을 거쳐 간 단기선교사가 20명이 넘습니다. 많은 단기선교사의 적응을 도왔고, 그들과 함께 일했습니다. 그들 중에는 단기선교사의 개념도 모른 채 온 선교사도 있고, '장기선교사보다 낫다' 는 말이 절로 나오는 훌륭한 단기선교사도 있었습니다. 단기선교사를 지도하는 팀장으로서 함께 일하면서 느끼는 것이 참 많았습니다. 그래서 그것을 단기선교사들에게 알려주고 싶었습니다.
단기선교사들이 선교지로 떠나기 전에 좀 더 단기선교에 대해 깊이 있게 이해할 수 있다면 더 의미 있는 시간이 되지 않을까? 단기선교사가 선교지를 좀 더 이해하고 선교지를 향한다면 갈등을 좀 더 줄일 수 있지 않을까? 그들이 준비할 때의 막연함을 조금이라도 덜어줄 수 있지 않을까? 이런 마음으로 글을 썼습니다.
하지만 단기선교사들이 그들의 가능성과 한계, 기쁨과 아픔을 이해하고 선교지를 밟는 것만으로 근본적인 문제가 해결되지는 않습니다. 왜냐하면 선교지에서는 장기선교사 혹은 선교팀장에 의해 대부분이 결정되기 때문입니다. 그래서 좋은 협력을 위해서는 단기선교사가 바른 마음가짐을 준비하는 것 못지않게 장기선교사들이 발상의 전환을 하는 것이 필요합니다. 장기선교사들의 단기선교사에 대한 이해를 돕기 원하는 마음에서 또한 이 책을 썼습니다.

그러므로 이 책은 근본적으로 청년단기선교사, 즉 '반년에서 3년 정도의 임기를 정해 놓고 선교지로 가서 선교사역을 감당하고 돌아오는 선교사'를 위해서 쓴 글입니다. 하지만 단기선교사들과 함께 일할 장기선교사들을 위한 글이기도 합니다. 그리고 물론 단기선교사를 파송하는 교회와 단체를 위한 것이기도 하지요.

그러므로 이 책의 제1독자는 '단기선교사'이며,

제2독자는 '단기선교사와 함께 일할 장기선교사',

제3독자는 '단기선교사를 보내는 교회와 선교단체'라고 정리할 수 있겠습니다.

단기선교를 계획하고 있다면 먼저 본인이 이 책을 읽고, 준비과정에서 본인이 속한 교회나 선교단체 담당자에게 권하여 이 책의 내용을 공유하고 어떻게 해나갈 것인지를 함께 결정하기를 권합니다. 그리고 출국 후 선교지에 도착하여 선교팀장인 장기선교사에게도 이 책을 선물한다면 단기선교사들을 관리하고 지원해야 하는 장기선교사들에게 큰 힘이 될 것입니다.

(너무 속이 보이나요? 눈치 한번 빠르군요. 허허허)

1
이부장,
선교를 논하다

선교사, 부담스러운 이름
나는야 단기선교사
단기선교란?

Step 01

선교사, 부담스러운 이름

단기선교사도 엄연히 선교사입니다. 단지 '선교사' 라는 거룩한 호칭에 붙은
거품을 빼는 작업이 필요할 듯합니다.

1-2년 정도 단기로 사역을 하는 단기선교사에게 '선교사님' 이라는 호칭은 부담스러운 것이 사실입니다. 선교사라고 하면 뭔가 다른 세계에 사는, 상당히 많이 헌신된 훌륭한 사람이라는 막연한 인상 때문이겠지요. 그러나 단기선교사도 엄연히 선교사입니다. 단지 '선교사' 라는 거룩한 호칭에 붙은 거품을 빼는 작업이 필요할 듯합니다.

선교사가 누구이며, 그들이 감당하는 선교가 무엇인가를 따지자면, 한 권의 신학서적으로도 설명이 충분치 않을 것입니다. 하지만 우리가 관심을 가지고 있는 것은 실제적인 문제, 즉 "선교지에선 무슨 일이 일어나는가?" 입니다. 그러므로 복잡한 논란은 피하고 선교사와 선교사역에 대해서 간단하게 정의하도록 합시다.

교회는 주님께서 명하신 고유의 사명(mission)을 가지고 있습니다. 이것은 모든 그리스도인이 감당해야 하지만, 특별히 선교사(missionary)는 "자신의 속한 지역교회와 지역사회를 떠나 복음이 전해지지 않은 곳에 가서, 교회가 가진 사명을 감당하는 사람"입니

다. 그가 문화를 넘어선 지역에 갔을 경우 초문화 선교사(cross-cultural missionary)라고 하고, 국경을 넘었을 경우에는 해외 선교사(oversea-missionary)라고 합니다.

선교사들이 선교지에서 감당해야 하는 교회의 사명은 무엇일까요? 많은 그리스도인이 마태복음 28장 19-20절의 지상명령(至上命令, The Great Commission)을 떠올리겠지요? 물론 맞습니다. 하지만 세상을 향한 교회의 사명은 가서 복음을 전파하는 것으로 끝나지 않습니다. 선교사는 복음전파를 통한 영혼 구원 이외에도 선교지에서 구제와 교육의 사명을 감당합니다.

선교지에서는 전도와 사회봉사의 구분이 뚜렷하지 않은 경우가 많습니다. 예를 들어, 아프리카의 많은 지역에서는 재해로 많은 사람이 굶는 일이 자주 발생합니다. 이때 선교사의 역할이 복음전파에 국한된다고 해서 그들의 굶주림을 외면할 수는 없겠지요. 더욱이 굶주리고 있는 자에게 "평안히 가라, 덥게 하라, 배부르게 하

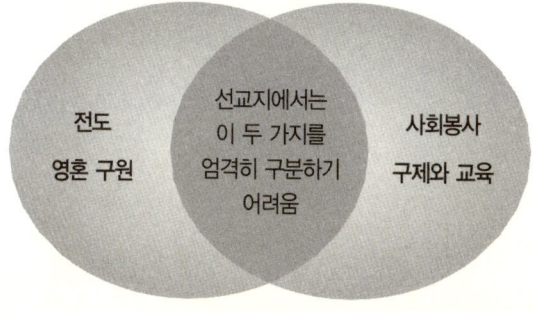

라"(약 2:16)며 복음만을 전한다면 그 복음 전파에 얼마나 힘이 있겠습니까? 많은 선교지에서는 전도와 구제가 명확히 구별되지 않습니다. 전도와 구제를 겸한 이런 사역은 주님께서 이 땅에서 사람들을 불쌍히 여기셔서 병자를 고쳐주시면서 천국의 복음을 전파하신 것과도 일치합니다.

그렇다면 선교사는 누구입니까? 이렇게 정의할 수 있습니다. "선교사는 복음전파와 사회봉사라는 교회의 사명을 선교지에서 감당하는 주의 일꾼이다."

이 책에서는 선교사의 범위를, 해외에서 그 사명을 감당하는 '해외 선교사'에 국한하겠습니다.

Step 02
나는야 단기선교사

일반적으로 선교사라고 하면 장기선교사(평생선교사)를 떠올리지만, 장기선교사와 달리 '일정기간 동안 선교사역을 하는 선교사'인 단기선교사도 있습니다.

일반적으로 선교사라고 하면 장기선교사(평생선교사)를 떠올리지만, 장기선교사와 달리 '일정기간 동안 선교사역을 하는 선교사'인 단기선교사도 있습니다. 장기선교사는 임무를 마치고 귀국할 시기를 특별히 정해 놓지 않고, 은퇴할 때까지 선교지에서 보내는 것이 보통입니다. 하지만 단기선교사는 정한 기간 동안 사역을 하고, 그 기간이 지나면 귀국하여 본국에서의 삶을 살아가지요.

위대한 선교의 시기인 19세기에는 선교사에게 단기선교란 상상할 수 없는 일이었습니다. 그들은 고향을 떠나서 선교지에 도착하기 위해, 여러 번 배를 갈아타고 항구에 도착해서 사역지까지 긴 여행을 합니다. 어떤 때는 반년 이상의 시간이 걸려서야 선교지를 밟게 됩니다. 그런 시대였으니 '1년 후에 귀국하는 단기선교사'란 상상할 수 없는 개념이었지요.

중국 최초의 개신교 선교사인 로버트 모리슨은 1807년 조국인 영국을 떠났다. 그는 1월 31일 런던 템스 강 하구의 그리브센드라는 항구에서 레미틴스 호를 타고 떠났지만, 당시에는 개신교 선교사의 신분으로 영국에서 중국으로 직접 갈 수가 없었다. 그래서 우선 캐나다의 뉴펀들랜드를 거쳐 다시 4월 20일에 미국 뉴욕 항에 도착한다. 이미 영국을 떠난 지 109일. 뉴욕에서 배를 구하기 위해 22일간을 머물다가 드디어 미국 교회의 도움을 얻어, 5월 12일 트라이던트 호라는 상선을 타게 되었다. 트라이던트 호는 남쪽으로 항해하여 남아메리카 최남단의 케이프 혼을 지나 태평양을 횡단하고 4개월 가까운 항해 끝에 중국의 남쪽 마카오에 도착하였다. 이 날이 1807년 9월 4일이다. 영국을 떠난 지 244일 만에 도착한 것이다. 이후 1834년 죽을 때까지 중국에서 27년을 살았다.

하지만 요즘은 교통과 통신의 혁명적 발달로 세계 어느 곳이나 며칠 이내에 도착할 수 있습니다. 그러한 문명의 혜택으로 단기선교사가 탄생한 것입니다.

하지만 선교사가 쉽게 선교지에 도착할 수 있는 현대 사회라 하더라도 선교는 선교지의 사람들과 함께 사는 것이기 때문에 일정 기간 머물러야 합니다. 그래서 아무리 단기선교라 해도 최소한 6개월은 선교지에서 살아야 합니다. 2, 3주나 한두 달의 선교여행은 선교라기보다는 선교를 경험하고 제한된 사역을 감당하는, 그야말로 '선교여행'입니다. 선교여행도 나름의 장단점과 특징이 있지만 이 책에서는 대상으로 삼지 않았습니다. 그런가 하면 선교지에서의 체류기간이 3년이 넘어가면 언어를 능숙하게 할 수 있으므로 장기선교사의 특징을 갖게 됩니다. 그러므로 3년 이상 사역하는 선교사도 이 책에서는 다루지 않았습니다. 단기선교사 제도가 있는 대부분의 선교단체에서 단기선교사의 일반적인 임기는 2년입니다.

이 책의 대상이 되는 '단기선교사'는 "반년에서 3년 정도의 임기를 정해 놓고 선교지로 가서 선교사역을 감당하고 돌아오는 선교사"로 정의합니다.

단기선교사는 여러 제한에도 불구하고 훌륭한 장점을 가지고 있습니다. 첫째, 선교사로서 부르심과 은사를 확인하는 좋은 기간이 됩니다. 불타는 사명만 가지고 미지의 선교지를 향해 떠나는 시대는 지났습니다. 지금 젊은 세대는 이미 세계에 대한 많은 정보를 가지고 있으며, 더 명확한 결정을 하기 원합니다. 그렇다면 1-2년 정도의 단기선교사 기간을 통해 평생의 결정을 바르게 내릴 수 있습니다. 사실 그렇게 장기선교사로 헌신하는 것은 자신을 위해서나 선교사를 파송하는 기관과 교회를 위해서나 매우 바람직합니다. 단기선교사 제도를 통해 확실한 소명을 가진 선교사를 발굴하고

● Tips

세계에서 가장 많은 선교사를 파송한 선교단체로 알려진 미국 남침례교 해외선교회(IMB)는 2006년 말 현재 5,200여 명의 선교사를 내보냈다. IMB의 또 다른 특징은 단기선교사 제도를 활발하게 운영하고 있다는 것이다. 현재 사역 중인 선교사의 20% 정도가 단기선교사다. 하지만 단기선교사는 사역기간이 짧기 때문에, 실제로는 매년 선교지로 떠나는 선교사의 절반 정도가 단기선교사라고 한다. 단기선교사는 젊은 독신이라고 많이 생각하지만, IMB는 다양한 연령대의 단기선교사 제도를 운영하고 있다. 20대 독신 단기선교사는 journeyman이라고 부르며, 30세 이상의 단기선교사(대부분 젊은 가정)를 ISC(International Service Corp.), 50세 이상의 단기선교사를 master라고 부른다. 특히 master는 직장에서 일찍 은퇴했거나 현장 경험이 풍부한 일꾼이 많다. 이렇게 다양한 제도를 가지고 있기 때문에 많은 단기선교사를 확보할 수 있는 것이다. 더욱이 장기선교사 지원자의 절반 정도가 단기선교사 출신이라고 한다. 단기선교사는 선교지의 부족한 일꾼을 확보하는 방법인 동시에, 분명한 소명을 가진 유능한 장기선교사를 발굴하는 귀중한 통로인 것이다.

검증된 인물을 적절한 곳에 파송할 수 있기 때문입니다. 둘째, 인생의 일부를 드려 선교에 동참할 수 있습니다. 선교는 주님의 명령이기 때문에 모두의 참여가 필요하지만 평생선교사의 길만 열려 있다면 선뜻 나서기가 쉽지 않습니다. 하지만 젊었을 때, 혹은 은퇴 후에 인생의 일부분을 드려 선교에 동참할 수 있는 방법이 바로 단기선교사의 길입니다. 인생의 십일조를 선교지에서 드리겠다는 결심을 하는 사람도 많이 있습니다. 단기선교사 제도는 그들에게 선교의 기회를 제공해 줍니다. 셋째, 단기선교를 통해서 젊은 일꾼들이 선교지에 올 수 있습니다. 한국의 상황에서 장기선교사 부부 한 가정이 선교지에 도착하는 나이는 대개 35살 전후입니다. 생각해 보세요. 대학을 졸업하고, 남자는 군대를 다녀오면 이미 20대 후반입니다. 많은 파송단체가 교회개척 선교사에게 신학 교육을 요구하기 때문에 신학대학원(M.Div)을 졸업하고 목사 안수까지 받는다면 이미 서른을 훌쩍 넘습니다. 아참, 결혼도 해야지요. 그런데 아기가 생겼네요. 아기가 돌은 지나야 갈 수 있지 않을까요? 이래서 만일 장기선교사의 길만 있다면 선교지에 20대 선교사는 존재하지 않을 것입니다. 하지만 선교사역의 특성에 따라서 20대 선교사가 유리한 것이 있습니다. 대학생 선교라든지, 강한 체력을 요구하는 일이라든지, 찬양 사역도 좀 젊은 편이 좋겠지요? 이러한 사역에 젊은이들을 동참하게 하는 방법이 바로 단기선교사 제도입니다.

　이처럼 단기선교사 제도는 더 많은 사람을 선교에 동참하게 하고, 특히 많은 젊은이를 선교에 동참시킴으로써 확실한 선교사를 발굴하고 양성합니다. 단기선교사 제도야말로, 마지막 때에 최후의 영적 전쟁에 승리할 군사를 모으는 미래의 선교 방법이라고 말할 수 있습니다.

SM 01》 JOY의 SM 제도를 소개합니다

학생선교단체인 죠이선교회는 선교사역에 단기로 참여하기를 원하는 대학생들을 위해 SM 제도를 두고 있습니다. SM이란 Short-term Missionary, 즉 단기선교사를 말합니다. SM 제도를 통해 단기선교를 나가는 죠이의 청년들은 1년 혹은 2년간, 해외의 죠이 캠퍼스 선교 사역이나 다른 장기 선교 사역에 동참하게 됩니다. 이렇게 나가는 단기선교사를 SMer라고 부릅니다.

 죠이선교회의 SM 제도를 통해 단기선교를 경험하기 원하는 청년들은 지원 후 허입이 결정되면 훈련과정인 SMTC를 통해 훈련을 받고 선교지로 파송됩니다. 단기선교 기간 동안 사역을 마치고 들어오면 사역을 정리하고 평가하는 디브리핑을 하고, 후속과정으로 SM School을 밟을 수 있습니다. SM 제도는 단기선교를 결심한 청년들이 하나님 나라의 확장에 구체적이고 실질적인 도움이 될 수 있도록 총체적이고 전인격적인 돌봄을 제공하고자 합니다.

 각 과정에 관한 자세한 이야기는 차차 살펴보도록 하겠습니다.

Step 03
단기선교란?

단기선교사는 몇 가지 특징과 제한을 가지고 있기 때문에,
그들의 선교사역도 독특한 특징을 갖게 됩니다.

단기선교사를 '반년에서 3년 정도의 임기를 가진 선교사'로 정의한다면, 단기선교는 '그런 단기선교사들이 감당하는 모든 선교사역'을 말하겠죠. 사실 선교지에서 장기선교사가 하는 선교(장기선교?)와 단기선교사가 감당하는 선교(단기선교?)를 구별할 수 있는 방법은 없습니다.

하지만 단기선교사는 몇 가지 특징과 제한을 가지고 있기 때문에, 그들의 선교사역도 독특한 특징을 갖게 됩니다. 우선, 단기선교사는 언어가 능숙해지기 전에 귀국하기 때문에 언어적으로 사역에 제한이 있습니다. 둘째, 단기선교사는 장기선교사에 비해 경험이나 전문적인 훈련이 부족하기 때문에, 독립적으로 사역을 개척하기보다는 대부분 기존의 선교팀에 속해서 사역을 감당하게 됩니다. 셋째, 단기선교사는 젊고 독신인 경우가 많기 때문에 생활과 사역에서 나름의 특징이 있습니다. 넷째, 단기선교는 실제 선교에 동참하는 사역의 기간인 동시에 미래의 길을 위해 훈련 받고 준비하는 기간이라는 면에서 장기선교와 구별됩니다.

전형적인 단기선교사라면 선교지에서 이미 사역하고 있던 장기선교사의 팀에 속해서, 그곳에서 일정기간 생활하면서 소속된 선교팀의 사명과 목표를 위해 함께 동역하는 형태일 것입니다. 이 책에서는 전형적인 경우를 고려하고자 합니다.

자, 이제 청년단기선교사가 어떻게 탄생하는지 한번 살펴볼까요?

장기선교사를 위한 Tips 01 》 한 팀에 몇 명의 단기선교사를 받을 수 있을까?

우리 팀에서는 우리 부부만이 장기선교사이다. 사역의 특성상 단기선교사가 비교적 많다. 우리 팀에는 적을 때는 2명, 많을 때는 12명의 단기선교사가 있었다. 나는 2명의 장기선교사(부부)와 20여 명의 단기선교사가 오순도순 일하는 팀도 알고 있다. 그리고 4명의 장기선교사와 2명의 단기선교사가 있지만 항상 갈등이 있는 팀도 알고 있다. 문제는 단기선교사의 수가 아니라, 선교팀이 그들을 관리하고 동역할 수 있는 준비가 되어 있느냐다.

젊은 일꾼이 선교의 현장에 투입됨으로써 사역에 활기를 가져온다는 면에서 단기선교사는 매우 큰 장점이 있다. 하지만 잦은 인원 변동으로 사역의 공백이 생길 수도 있고, 그들의 적응을 돕기 위해 많은 힘을 써야 한다는 단점이 있다.

그럼에도 불구하고 단기선교사의 장점을 충분히 활용하려면 선교팀이 부담을 지는 것이 당연하다. 그러기 위해서는 선교팀의 조직과 사역 전략 자체가 단기선교사가 와서 잘 적응하고 그들이 은사를 충분히 발휘하여 사역에 깊이 동참할 수 있도록 짜여 있어야 한다. 장기선교사 위주의 사역에서 있어도 그만 없어도 그만인 단기선교사라면 차라리 받지 않는 것이 낫다. 문제는 단기선교사의 수가 아니라, 선교팀이 준비되어 있느냐다. 1명의 단기선교사가 와서도 큰 갈등이 있을 수 있고, 20명이 있어도 아름다운 교제와 사역이 일어날 수 있다. 반면에 1명의 단기선교사가 엄청난 몫을 해낼 수도 있고, 20명의 부담덩어리가 팀내에 있을 수도 있다.

단, 단기선교사와 동역을 한 경험이 없다면 먼저 한두 명을 받아 사역의 경험을 쌓는 것이 좋겠다. 욕심을 내거나 다른 팀의 좋은 사례만을 참고하여 처음부터 많은 단기선교사를 받으면 그들과 동역하는 장점보다 돕는 수고와 갈등 처리에 더 많은 에너지를 소모할 수도 있기 때문이다.

2 청년단기 선교사의 탄생: 준비에서 출발까지

선교정보와 접촉했다면, 당신은 이미 시작한 것이다
하나님의 부르심
자격 미달?
결정해야 할 일들
후원 모금은 이렇게
선교훈련을 꼭 받아야 하나요?
D-day를 한 달 남겨두고……

Step 04
선교정보와 접촉했다면,
당신은 이미 시작한 것이다

하나님의 뜻을 확인하기 위해서는 우선 하나님께서 주신 소원,
즉 선교에 대한 관심으로부터 시작하는 것이 옳습니다.

한 사람이 단기선교를 결정하고 선교지로 나가기까지의 과정은 천인천색입니다. 하지만 공통된 것은 항상 선교정보에 대한 접촉으로 시작된다는 것입니다. 그것은 선교사의 선교보고일 수도 있고, 해외의 영적 필요에 대한 정보일 수도 있으며, 설교자의 선교에 대한 도전일 수도 있습니다. 그것이 무엇이든 이러한 접촉을 통해서 선교에 대한 관심이 시작됩니다. 성령께서 마음을 움직이시는 것도 이때부터지요.

물론 단순한 호기심일 수도 있고, 정말 하나님의 부르심일 수도 있습니다. 그런 마음이 하나님의 부르심, 곧 소명이라면 소식을 대할수록 그 열망이 커질 것입니다. 우리 안에서 일하시는 성령께서 하나님의 뜻에 합당한 이 일이 우리의 기쁨과 소원이 되도록 우리 마음을 변화시키시기 때문입니다.

> 너희 안에서 행하시는 이는 하나님이시니 자기의 기쁘신 뜻을 위하여 너희로 소원을 두고 행하게 하시나니(빌 2:13).

이런 면에서 한국이나 미국처럼 큰 선교대회가 있다는 것은 크나큰 축복입니다. 이러한 선교대회를 통해 많은 젊은이들이 선교에 대해 접할 수 있고, 진지하게 하나님의 음성을 듣는 시간을 갖게 되니까요. (대표적으로 2년마다 열리는 선교한국 대회에 참가할 것을 권합니다. 선교에 대해 건전한 신학과 균형 잡힌 시각을 갖출 수 있고 다양한 선교정보를 접할 수 있습니다. 이미 단기선교를 고려하고 있다면 선교대회에서 선교사들과 직접 만나 상담을 받거나 파송 선교단체 및 동역할 장기선교사를 찾을 수도 있습니다.)

그렇다면 선교정보에 접촉하고 관심을 가진 젊은이는 어떻게 선교에 동참할 것을 결정하게 될까요? 이 질문은 '하나님의 뜻을 어떻게 아는가?' 와 관련이 깊습니다. 젊은 그리스도인들에게 가장 빈번한 질문이지요.

하나님의 뜻을 확인하기 위해서는 우선 하나님께서 주신 소원, 즉 선교에 대한 관심으로부터 시작하는 것이 옳습니다. 물론 하나님께서 요나처럼 가기 싫어하는 사람을 억지로 들어 쓰시는 경우도 있지만, 대개의 경우는 '원하는 마음'을 먼저 주십니다. 단, 이 원함이 단순히 호기심인지 아니면 하나님이 주신 마음인지를 살펴보는 데는 몇 가지 과정이 필요합니다. 첫째는 끊임없는 기도입니다. 기도는 청구서가 아니라 하나님과 통화하는 핸드폰입니다. 내가 원하는 것과 필요한 것을 일방적으로 통보하면 저쪽에서 처리된 결과를 보내오는 청구서 시스템이 아니라, 하나님과 인격적으로 대화를 나누는 핸드폰 시스템이라는 것이지요. 하나님과 연결되어 있다는 것은 하나님의 뜻을 아는 가장 기본적인 조건입니다. 둘째는 말씀입니다. 물론 한 마디의 말씀에 전광석화처럼 소명을 받고 단번에 결정하는 경우도 있지만, 일반적인 방법은 아닙니다. 그러므로 일상생활에서 늘 말씀 속에 살아가는 것이 중요합니다. 매일의 삶에서 QT와 말씀 묵상이 살아 있다면, 하나님의 뜻을 헤아리기가 쉽기 때문이지요. 셋째는 경건한 그리스도인과의 상담입니다. 선교에 대해서 경험과 정보를 가지고 있는 사람이면 더욱 좋겠군요. 옆에서는 잘 보이는데 정작 본인은 잘 모르는 경우도 있답니다. 마지막 넷째는 결정을 전후하여 평안과 기쁨이 어떻게 마음을 주장하는가를 보는 방법입니다. 결정을 하고나서 열망이 더 커지거나 평안이 임하는 결정은 주님이 기뻐하신다고 볼 수 있습니다. 하지만 이것은 어디까지나 감정에 속하는 부분이므로 절대적인 기준은 아니라는 것을 명심하세요.

많은 그리스도인이 결정을 하면서 "하나님의 뜻을 가르쳐주십시오!"라고 간절히 기도합니다. 하지만 달리 생각해 보면 참 이상한 기도입니다. 하나님이 복음을 위한 일꾼으로 한 사람을 부르시면서 정작 그에게는 비밀로 하고 가르쳐주지 않으신다는 것입니까? 어느 회사에 입사 시험을 치른 젊은이가 담당부서에 전화를 걸어 결과를 문의했더니 "우리는 당신이 이 회사에 들어올 수 있는지 없는지 가르쳐줄 수 없다. 비밀이다"라고 한다면 얼마나 이상한 일입니까? 하나님이 일꾼으로 쓰기를 원하시면서, 그에게는 알려주지 않으신다면 그것 또한 얼마나 이상한 일입니까?

창세기 18장에서 하나님은 알려달라고 청하지도 않은 아브라함에게 "나의 하려는 것을 아브라함에게 숨기겠느냐?"며 먼저 계획을 알려주십니다. 아브라함에게는 알려달라고도 안 했는데 알려주시고 우리에게는 숨기실까요? 그럴 리가 없습니다. 그럼 왜 우리는 하나님의 뜻을 깨닫지 못하는 것일까요? 그 차이는 무엇일까요? 바로 그 뜻에 순종하려는 마음의 차이입니다.

하나님의 뜻을 알기 원하는 젊은이들에게 정말 문제는 '순종할 마음이 있느냐' 입니다. "하나님, 우선 말씀해 보세요. 제가 들어보고 결정하겠습니다." 혹시 이런 태도가 아닌지요? 하나님의 부르심은 거룩하고 절대적인 말씀입니다. 그 말씀 앞에 우리의 선택이 있을 수 없습니다. 그렇기 때문에 "주님, 말씀하십시오. 제가 듣겠습니다"하는 순종의 마음이 필요합니다. 이런 순종의 마음이 없는 사람은 귀가 어두워져서 말씀을 듣지 못합니다. 순종하지 않는 사람이 말씀을 들으면 오히려 하나님의 뜻을 모독할 수 있습니다. 하나님은 당신의 뜻을 거절당하시는 수모를 당하지 않으실 것입니다.

● **Tips**

결정의 기간, 얼마나 잡아야 할까?
첫 마음이 들었다면 얼마의 기한을 두고 고민하고 기도해야 할까? 정해진 공식은 없지만 학생의 경우 한 학기가 적당하다. 방학 중의 선교대회나 비전트립을 통해 단기선교로의 도전을 받은 이후 많은 청년들이 조급한 마음에 빨리 다음 계획을 결정짓고 싶어한다. 그러나 충분히 시간을 두고 개인적 확신과 공동체의 조언, 그리고 한 학기 동안 흘러가는 여러 상황을 살펴봐야 한다. 마음의 감정이나 결심이 사라질까봐 서둘러 결정해 버린다면 그야말로 부르심의 확신을 의심해 봐야 한다.

Step 05
하나님의 부르심

선교사는 하나님이 직접 부르시고 쓰십니다. 하나님이 나를 부르셨다는 소명만이 선교에 헌신하는 유일한 동기가 됩니다.

선교사는 하나님이 직접 부르시고 쓰십니다. 하나님이 나를 부르셨다는 소명만이 선교에 헌신하는 유일한 동기가 됩니다. 선교사에게 소명은 생명처럼 중요합니다. 모든 선교사는 주님의 부르심에 응답하여 선교지에 온 사람이어야 합니다. 그러므로 모든 선교사는 직간접적인 소명을 가지고 있어야 합니다.

> 너희는 가서 모든 족속으로 제자를 삼아 아버지와 아들과 성령의 이름으로 세례를 주고 내가 너희에게 분부한 모든 것을 가르쳐 지키게 하라(마 28:19-20).

물론 모든 선교의 소명은 보편적인 지상명령의 연장선상에 있습니다. 이것을 모든 그리스도인이 함께 받은 '1차적 소명'이라고 부릅니다.

하지만 선교사에게는 개인적인 소명, 즉 '2차적 소명'도 필요합니다. 하나님께서 (모든 그리스도인이 아닌) 나 한 사람에게 이 일을 시키셨다는 확신입니다. 선교지에서 이 소명은 매순간 부딪히는 질문, '내가 왜 선교지에 왔는가?' 와 '내가 오늘 왜 이 일을 해야 하는가?' 에 대한 구체적이고 분명한 답이 됩니다.

선교지의 삶에는 예측불가능한 상황이 많이 발생합니다. 본국과는 다른 영적 전투에 직면하게 되며, 어떤 때는 직간접적인 고난이 있습니다. 방향성의 혼란과 외로움, 고난과 유혹이 실존하는 선교의 현장에서 삶을 지탱해 주는 가장 중요한 기둥은 바로 선교사의 소명입니다. 동일한 어려움이 있을 때, 소명이 분명한 선교사에게는 그것이 돌파할 대상이나 해결해야 할 장애물로 보이지만, 소명이 불분명한 선교사에게는 어려움이 선교를 포기할 수밖에 없게 만드는 높은 산으로 보일 것입니다.

선교사에게 가장 힘든 것은 무엇일까요? 문명에서 벗어나 불편한 환경 가운데 살아야 하는 수고일까요? 이미 선교사가 사는 지역은 대부분 도시이기 때문에 생각보다 사는 것이 그리 힘들지 않습니다. 값싼 물가 덕분에 오히려 더 편리한 것도 있지요. 그렇다면 기후나 음식일까요? 그것도 생각보다 빨리 적응됩니다. 선교사, 특히 단기선교사나 독신 선교사를 가장 괴롭히는 것은 단연 감정적인 문제, '외로움' 입니다. 외로움에 힘들어할 때 누구나 고국과 집을 생각합니다. 하지만 그 다음날 눈물을 닦으며 다시 일어나게 하는 것은 다름 아닌 '선교사의 소명' 입니다.

S형제는 난감했다. S형제는 단기선교사로 헌신하기 전부터 장기선교사로의 부르심을 받은 사람이다. 그런데 선교지에서의 6개월

은 그를 너무나도 지치게 했다. 영적으로 감정적으로 육체적으로 탈진한 S형제는 급기야 약속했던 1년의 사역기간을 포기하고 고국으로 돌아가기로 마음먹었지만, 당장 맡은 책임 때문에 얼마간은 귀국할 수 없었다. 그는 그 순간 자신이 선교지에 있는 목적과 처음 부르심에 대해 생각했다. 아무도 자신을 알아주지 못한다는 외로움과 지친 육체 때문에 고국을 그리워하게 되었지만 돌아갈 수는 없었다. S형제는 기다렸다. 소명과 소명 너머 자신을 부르신 하나님께로 돌아가는 일만이 그가 할 수 있는 일의 전부였다. S형제가 회복된 것은 세계 복음화와 선교라는 소명 이전에 S형제를 부르신 하나님과의 깊은 교제 때문이었다. S형제는 말씀을 듣고 읽었으며, 철저하게 회개하며 기도했다. 그리고 더 이상 외롭지 않았다. 비록 선교지에 있었지만 일그러졌던 하나님과의 관계를 회개하고 회복했을 때, 하나님은 S형제가 처음 품었던 소명과 사명까지도 회복시키셨다. S형제는 기쁜 마음으로 복음을 전하며 남은 사역을 감당할 수 있었다. 자신을 부르시고 소명을 주신 분에게 돌아가 하나님께만 집중했을 때 그의 외로움은 어느 새 사라져버렸다.

단기선교사는 기간과 사역의 범위에 한계가 있기 때문에 단기선교사의 소명 역시 제한적인 소명일 가능성이 많습니다. 단기선교사에게는 '일정한 기간, 일정한 범위 내에서 선교에 동참하라'는 소명이 필요합니다. 기존 선교팀에 소속되어 가는 단기선교사라면, 자신의 소명과 그 팀의 사명을 분리할 수 없습니다. 교회 개척팀에 소속되었다면 당연히 교회 개척이, 장애인을 돌보는 사역이라면 당연히 장애인을 돌보는 것이 단기선교사의 소명입니다. 따라서 단기선교사의 소명은 "나는 하나님의 뜻에 따라, ○○지역에서 ☆☆팀에 소속되어 △△사역을 감당하도록 부르심을 받았다"라고 정리될 수 있을 것입니다.

그렇기 때문에 단기선교사는 선교지에 도착하기 전에 반드시 자신이 속하게 될 선교팀의 사역 대상과 목표, 철학을 분명히 이해하고 동의해야 합니다. 만일 동의할 수 없다면 그 팀으로 가지 말든지, 아니면 사전에 조정할 수 있는지를 현지 팀장과 의논해야 합니다. 이 과정에서, 분명한 의사표현은 매우 중요합니다. 선교지의 통신 상황이 좋지 않고 시차가 있어 원활한 의사소통이 어렵다고 해도 이 부분을 소홀히 해서는 안 됩니다. 선교지에 도착해서 '이럴 줄 몰랐다'는 식의 반응은 그곳에서 몇 년의 시간을 보내게 될 자신에게도, 그곳의 선교팀에게도 큰 손실입니다.

J팀에 팀원으로 가기로 했던 N선교사는 선교지에 도착한 다음에야 자신의 기대와 선교팀장의 요구가 서로 다르다는 것을 발견했다. N선교사는 언어가 준비되어 있었기 때문에 기존 사역의 책임자로 세워지는 줄 알았는데, 팀장은 그런 약속을 한 적이 없다고 해서 갈등이 심해졌다. 결국 모교회에서 선교지를 방문하기까지 해서 겨우 일이 해결되었으나, 결국 N선교사는 그 선교지를 떠날 수밖에 없었다. 주변 사람들은 아직까지도 누구의 말이 옳은지 잘 모른다. 문제는 누구 말이 옳으냐가 아니라, 선교지와 의사소통이 확실히 되지 않아 서로 어긋난 기대와 소명을 품었다는 것이다.

미국인 C자매는 2년간 단기선교사로 한국에 왔다. 대학에서 학생들에게 영어를 가르치면서 기존의 대학생 모임을 섬기는 것이 임무였다. 그에게 배정된 지역은 대전이었는데, 그를 관리하는 팀장선교사는 서울에 있었다. 팀장과 몇 개월에 한번 만나기도 어려웠고 주로 전화로 "별일 없는가?" 하는 안부를 나눌 뿐이었다. 모든 것을 혼자 감당해야 하는 그는 자주 외로움을 느꼈고, 때때로 '내가 버려진 것이 아닌가?' 하는 원망도 들었다. 집에 전화를 걸어 한 시간 이상 울며 통화하기도 했다. 이처럼 아무도 자신을 돌보지 않는 곳에 가리라고는 생각지 못했기 때문이다. 그와 인터뷰를 하면서 이렇게 물었다. "만일 그런 곳인 줄 알았으면 그래도 갔겠어요?" 잠시 말을 멈추고 생각하던 C자매는 눈물을 글썽이며 대답했다. "그래도 갔겠지요. 하나님이 부르셨으니까……." 이처럼 소명은 선교의 유일한 이유인 것이다.

소명은 가장 큰 선생님이며 절친한 친구입니다. 소명은 내가 '이 아침에 무엇을 해야 하지?'를 가르쳐주는 선생님이며, 힘들어 있을 때 나를 다시 일으켜주는 친구이기도 합니다. 선교지는 완전히 다른 세상입니다. 본국의 문화, 관계, 습관을 다 떠나와서 매순간 새로운 선택을 해야 하는 곳입니다. 이 선택 앞에서 소명은 무엇이 중요한 것이고 무엇이 부수적인 것인지 구별하게 해줍니다. 우리의 부르심이 진실하고 위대하다면 그 부르심 앞에서 다른 어떤 일도 부수적인 것이 됩니다.

그러므로 형제들아 더욱 힘써 너희 부르심과 택하심을 굳게 하라 너희가 이것을 행한즉 언제든지 실족지 아니하리라(벧후 1:10).

장기선교사를 위한 Tips 02 〉〉 선교지에 찾아온 단기선교사를 어떻게 볼 것인가?

먼저, 단기선교사의 처지에서 생각해 보자. 선교지에서 보낸 시간은 단기선교를 지원한 그 사람에게 평생을 두고 추억할 좋은 경험이 된다. 많은 단기선교사가 처음 사역했던 그 선교지에 장기선교사로 다시 나간다. 그러나 반대로, 단기선교 당시 사역이 최악의 경험이었다면 단기선교사는 그 나라에 대한 반감뿐 아니라 선교 자체에 대한 거부감을 갖고 돌아올 것이 뻔하다. 사역지에서 단기선교사가 어떤 돌봄과 보살핌을 받으며 어떤 합당한 사역을 경험했는가 하는 것이 선교지에 대한 좋은 추억과 장기선교사로의 희망적인 기대까지 갖게 만드는 중요한 요소라고 할 수 있다.

장기선교사들은 이 점을 확실히 인지하고, 단기선교사를 장기선교사 개인의 '허드렛일을 대신 해주는 선교 머슴' 정도로 인식할 것이 아니라, 그들을 목회적으로 돌보는 동시에 사역의 일부를 위임하고 공유하는 동역자로 대하는 겸손의 마음을 먼저 준비해야 한다. 장기선교사가 단기선교사를 세우고 키우는 일에 헌신되어 있을 때 단기선교를 통한 효과적인 열매를 거둘 수 있다.

Step 06

자격 미달?

기본적인 자격이 갖추어지지 않았다면 단기선교사 본인과 선교지의
다른 사람들 모두에게 어려움을 안겨줄 것입니다.

아무리 위대한 부르심이 있다고 하더라도 기본적인 자격이 갖추어지지 않았다면 단기선교사 본인과 선교지의 다른 사람들 모두에게 어려움을 안겨줄 것입니다. 그럼 단기선교사는 어떤 자격을 갖추어야 할까요?

선교사의 생활과 사역에 대한 훌륭한 지침서인 허버트 케인의 「선교사의 생활과 사역」(Life and Work on the Mission Field, 두란노 펴냄)에서는 선교사가 가져야 하는 자질을 다음과 같이 말하고 있습니다.

① 신체적 자격
② 학문적 자격
③ 직업적 자격
④ 심리적 자격
    정서적 안정
    적응력
    다재다능

유머 감각

다른 사람과 잘 어울리는 능력

기꺼이 명령을 받아들이는 자세

고난을 견디는 능력

인내와 끈기

우월감이 없을 것

종족 간 편견이 없을 것

⑤ 영적 자질

진정한 회심의 경험

성경의 지식

하나님의 인도에 대한 확신

견고한 영적 생활

자기 훈련

사랑의 마음

와우, 너무 많군요. 만일 단기선교사가 이런 자격을 모두 갖추어야 한다면 좌절해서 나가기를 포기할 사람이 많을 것 같습니다. 위의 자질들은 평생을 선교지에서 보낼 장기선교사 혹은 선교팀장이 갖춰야 할 자질이라고 보는 것이 좋겠습니다.

그렇다면 선교지에서 일정기간만을 지낼 단기선교사는 어떤 자격을 갖추고 무엇을 준비해야 할까요? 이것은 단기선교사가 선교지에서 무엇을 할 것이냐에 따라 많이 달라지기 때문에 여기서는 단기선교사들이 공통적으로 갖추어야 할 자질(공통 자질)과 사역에 따라 필요한 자질(사역적 자질)로 나누어 살펴보도록 하겠습니다.

공통적인 자질
① 건강 : 선교사는 건강해야 합니다. 건강하지 않으면 아무것도 할 수 없습니다. 선교사는 건강한 상태에서 들어와야 하며 선교지에서도 먼저는 자신의 건강을 돌보아야 합니다.

> 각각 자기 일을 돌아볼 뿐더러 또한 각각 다른 사람들의 일을 돌아보아 나의 기쁨을 충만케 하라(빌 2:4).

선교지에서 몸이 아프면 주변의 세 사람을 어렵게 만듭니다. 첫째는 선교의 대상인 현지인입니다. 몸이 힘들 때 사람을 섬기기 어렵다는 것은 더 설명할 필요가 없습니다. 현지인을 대하는 얼굴이나 태도에도 영향을 미칠 수 있습니다. 둘째는 함께 일하는 동료 선교사들입니다. 그들에게 누를 끼치거나(사실 이것은 그리 중요한 것은 아닙니다), 팀의 계획에 차질을 빚을 수도 있습니다. 셋째는 자신입니다. 단기선교는 사역인 동시에 미래를 위한 준비 기간이기 때문이지요. 반드시 자신의 몸을 잘 관리하고, 건강한 몸으로 귀국해야 합니다.

② 경건훈련 : 경건훈련이 되어 있어야 합니다. 선교지에서 필요한 영적 훈련 중 가장 중요한 것은 '하나님과 혼자 만날 줄 아는 사람이어야 한다'는 것입니다. 선교지에서는 '수준 높은 예배' 없이 몇 년을 견디면서도, 영적으로 고갈되지 말아야 합니다. 사람들 사이

에서 떠나 있으면서도 영적인 수준을 유지하는 훈련이 필요합니다. 물론 선교지에 따라 조금 다를 수 있습니다. 개척 선교가 아니라면 현지의 교회나 단체에서 깊이 있는 예배를 누릴 수 있을 것이고, 팀 내에서 어느 정도의 교제가 가능할 것입니다. 하지만 선교지에서는 오랜 기간 형제자매와의 영적 교제나 훌륭한 모임으로부터의 공급이 끊어질 수도 있다는 것을 기억해야 합니다. 매일 아침 '오늘은 QT를 할까, 말까?' 고민하는 사람은 아직 선교지에 올 준비가 안 되었다고 볼 수 있습니다. 기도의 습관이 안 되어 있거나, 기도 응답에 대한 기대를 모르는 사람은 아직 때가 아닙니다.

> 육체의 연습은 약간의 유익이 있으나 경건은 범사에 유익하니 금생과 내생에 약속이 있느니라(딤전 4:8).

③ 소명 : 소명의식이 있어야 합니다. 소명의식은 '하나님께서 이 일을 위해 나를 부르셨다'는 분명한 확신입니다. 소명의식은 선교지에서 생존하게 하는 중요한 힘의 근원입니다. 소명에 대해서는 앞에서 다루었으므로 여기서는 생략하겠습니다.

④ 심리적 안정감 : 심리적인 자격에 대해서는 수많은 것을 나열할 수 있겠으나 우선 '안정감'을 이야기하고 싶습니다. 선교사가 감정의 기복이 너무 크면 그로 인해 불필요한 어려움을 스스로 만들어 내기 때문입니다. 물론 사람의 기질에 따라 다르지만, 감정의 지나친 기복 역시 사탄의 공격이며, 어느 정도 통제될 수 있는 것입니

다. 가장 강력한 흡인력인 남녀가 마음이 끌리는 것조차도 마음먹기에 따라서 절제될 수 있습니다.

'독립심'은 좋은 면과 나쁜 면을 가지고 있습니다. 여기서 독립심이라는 단어는 '사람을 의존하지 않는 마음'이라는 의미입니다. 성장과정 중에 상처를 입었거나 늘 부족한 마음으로 자란 사람은 습관적으로 다른 사람에게 의존하거나 집착하기도 합니다. 사람을 의존하는 현상은 팀원 사이에서 일어날 수도 있고, 현지인과의 사이에서 일어나기도 합니다. 지나친 의존을 방지하기 위해, 단기선교사는 '사람을 의지하지 않는 훈련'과 '하나님 앞에 홀로 서는 연습'이 되어 있는 사람이어야 합니다.

> 그리스도 예수의 사람들은 육체와 함께 그 정과 욕심을 십자가에 못 박았느니라(갈 5:24).

⑤ 인간관계 : 선교사는 인간관계가 좋아야 합니다. 인간사의 모든 측면이 다 마찬가지겠지만 특히 선교사는 좋은 인간관계를 맺는 것이 필수적입니다. 선교지에서는 모든 일이 인간관계를 통해서 이루어지기 때문입니다. 인간관계가 좋지 못한 선교사는 모든 일에서 문제가 생길 수 있습니다. 하지만 인간관계도 훈련될 수 있는 능력입니다. 단기선교사의 기간은 인간관계를 훈련하는 좋은 기회가 될 수도 있습니다.

선교지에서는 원만한 성격이 좋을까, 아니면 치밀한 성격이 더 좋을까? 선교지 현지인 사역자인 Y형제는 대인관계가 좋고 신실하지만 사역의 경험이 부족했다. 그는 B단기선교사와 동역하였는데 그는 총명하고 계획적이지만 성격이 조금 날카로운 자매였다. 사역의 초기에 Y형제와 B자매의 동역은 원활하지 않았다. 왜냐하면 B자매의 눈에는 Y형제가 사역하는 것이 많은 부분 못마땅했고, Y형제도 그것을 부담스러워했다. 그런데 시간이 지나면서 그들이 담당한 교회에 놀라운 부흥이 있었고, 크게 성장했다. B자매가 귀국할 무렵 Y형제는 팀장에게 "B자매는 내 사역의 부족한 점을 많이 보완해 주는 귀중한 자매였다"고 고백했다.

원만한 성격과 치밀한 성격을 허락하신 분도 하나님이시고, 외향적인 성격과 내성적인 성격을 주신 분도 하나님이시다. 그분은 세상의 필요에 따라 그런 성격들이 쓰임 받게 하셨다. 이런 성격은 좋고 저런 성격은 나쁘다고 일률적으로 말할 수 없다. 단지 적절한 선교지에 가서 쓰임 받는 것이 중요하다.

사역적인 자질
① 성경 지식 : 선교지에는 불신자나 갓 믿은 초신자가 많기 때문에 그들에게 체계적인 도움을 주어야 합니다. 또한 예상치 못한 질문도 많이 받게 됩니다. 그들에게 올바른 대답을 해주고 말씀을 잘 선포하고 가르치기 위해서는 두말할 필요 없이, 성경을 많이 알아야 하겠지요.

② 양육 경험 : 선교는 '믿지 않는 사람을 전도하고 양육하여 주의

일꾼으로 만드는 과정'입니다. 한국에서 체계적으로 사람을 양육을 한 경험이 없다면 선교지에 간다고 갑자기 제자양육 능력이 갖추어지리라고 기대할 수 없습니다. 선교사는 제자훈련을 할 수 있는 선교사와 그렇지 못한 선교사 두 종류로 나눌 수 있습니다. 그들이 감당할 수 있는 선교의 차원이 다르기 때문이지요.

③ 특정 사역에 필요한 능력 : 음악 사역이나 의료 사역, 혹은 MK 사역(Mission Kid, 곧 선교사 자녀들을 돌보는 사역)과 같은 특정 분야의 사역을 감당하기로 했다면 그에 따른 준비가 필요할 것입니다. 이것은 사역에 따라 그 준비내용이 상이하므로 여기서 다루기는 어렵겠습니다. 관련 사역단체와 현지의 필요를 참고하여 철저히 준비하시기 바랍니다.

④ 언어 준비 : 사실 위의 세 가지가 잘 갖추어져 있더라도 언어가 준비되어 있지 않으면 그것을 전달할 수 없으므로 아무 소용이 없습니다. 단기선교사는 선교지에 있는 기간이 비교적 짧기 때문에 현지인을 가르칠 정도로 충분히 언어를 습득하지 못하는 경우가 많습니다. 가장 좋은 방법은 한국에서 언어를 습득하고 나가는 것이지만 선교지에 따라서는 한국에서 언어를 배우기 어려운 경우가 있으므로 그것도 보편적인 방법은 아닙니다. 이런 이유로 단기선교사는 사역에 언어적 제한이 있는 것이지요. 그러나 모든 사역이 언어가 능숙해야만 할 수 있는 것은 아닙니다. 능숙하지는 않더라도 선교지의 언어와 문화를 익히려는 적극적이고 성실한 자세를

갖춘다면 단기선교사가 할 수 있는 사역은 얼마든지 있습니다.

  조심스럽게 이런 결론을 내릴 수 있겠군요. 단기선교사에게는 공통적 자질이 사역적 자질보다 훨씬 중요하다는 것입니다. 왜냐하면 일반적으로 단기선교사는 기존 선교팀에 속해 한정된 범위 내의 사역을 하기 때문에 수준 높은 사역적 자질이 요구되지 않기도 하고, 요구된다 할지라도 기간이 짧아서 그것을 다 구비하고 나갈 수 없기 때문입니다. 사역적 자질을 충분히 갖출 수 없기 때문에 공통적인 자질은 더욱 중요해지는 것입니다.

Step 07
결정해야 할 일들

선교사로 나가겠다는 결심을 했다면 이제는 구체적인 준비를 해야 합니다.
구체적 준비의 시작은 선교단체를 찾는 일입니다.

선교사로 나가겠다는 결심을 했다면 이제는 구체적인 준비를 해야 합니다. 구체적 준비의 시작은 선교단체를 찾는 일입니다. 물론 특정 선교단체에 속하지 않고 교회 파송이나 개인 자격으로 선교지에 갈 수도 있지만, 선교팀에 소속되는 것은 여러 면에서 장점이 있습니다. 선교단체들은 선교 사역에 대해 전문적인 정보와 경험이 있기 때문에 선교사 혼자서는 위험에 빠지기 쉬운 선교지의 생활을 보호해 주고 선교사가 게으르지 않도록 감독하는 역할도 합니다. 특히 단기선교사가 어떤 선교단체에 속하느냐는 선교지의 어떤 소속팀에 가게 되는가와도 밀접한 관계가 있으므로 신중하게

● **Tips**

선교지에서 모르는 선교사를 만나면, 반가운 생각과 함께 경계하는 마음이 솔직히 있다. 아마 사람을 믿지 못하고 조심하는 선교지(창의적 접근 지역)의 오랜 습관 때문일 것이다. 그래서 서로를 소개할 때, 본명을 밝히지 않더라도 소속 단체나 교회를 먼저 밝힌다. 소속 단체는 그 선교사의 정체성을 확인해 주며, 그가 교제해도 안전한 사람인지를 말해 주기 때문이다. 선교지에서 소속 단체는 명함이나 다름없다. 따라서 소속 단체가 없는 독립선교사(선교지에서는 '독립군'이라고 부르기도 한다)는 다른 선교사들이 경계할 수밖에 없다. 혹시 이단이거나 이상한 사람(?)일지도 모르기 때문이다.

선교단체를 찾아야 합니다.

한국에서 2-3년의 단기선교사를 훈련하고 파송하는 선교(파송)단체는 OM과 침례교해외선교회, GBT, WEC, SIM국제선교회, 한국인터서브선교회 등이 있습니다. 학생단체로는 CCC, 예수전도단, JOY 등이 대학 시절에 1-2년 선교지를 경험하는 프로그램이 있고, 간사의 신분으로 수년을 선교지에서 보낼 수도 있습니다. 대부분의 단체는 그 단체 출신으로 일정한 요구 수준을 갖추면 그 단체의 선교사로 받아들입니다. 이것을 '허입'이라고 하는데, 단체마다 기준이 조금 다를 수 있으나 단기선교사에게는 그다지 높은 수준을 제시하지 않습니다. 그러므로 단기선교사로 선교지에 가려는 선교지망생은 먼저 어느 선교단체에 속해서 나갈 것인가를 조사해 보고, 그 단체가 요구하는 기준을 갖추어가는 것이 좋습니다.

사실, 단기선교사로 헌신한 후 제일 먼저 드는 실제적인 고민은

SM 02 》》 SM 지원 자격

SM으로 나가기 위해서는 준비 및 훈련 기간이 2개월 이상 걸립니다. 평소 SM 제도에 대해 알고 있었다면 때맞춰 결정을 내리고 준비를 시작할 수 있을 것입니다. SMer로 선교지에 나갈 자원들을 훈련하는 SMTC(Short-term Missionary Training Course)는 여름과 겨울에 개설됩니다. 여름에는 6월, 겨울에는 12월에 지원을 받습니다.

SM으로 지원할 때의 자격은 "죠이어 및 선교에 관심 있고 선교지(6개월~2년 정도 단기거주선교)로 바로 나갈 예정인 28세 미만 청년"으로 정해져 있습니다.

제출서류는 좀 많습니다. 신청서, 단기선교사 서약서와 계약서, 선교사 자기 진단서, 부모 동의서, 추천서 2부(담임목사/간사), 구원간증문, 단기선교사 헌신간증문, 건강진단서, 주민등록등본 1부, 사진 1매, 후원관리자 신상명세서, 후원자 명단입니다. 신청서 및 기타 서류 양식은 www.joymission.org의 해외사역팀-data에서 내려받을 수 있습니다. 지원서류를 모두 갖춰서 마감일까지 제출하면 서류심사를 거쳐 며칠 후 면접이 있습니다. 면접을 통과했다면, 자 이제부터 훈련이 시작입니다.

"그럼 어디로 갈 것인가?"입니다. 헌신할 당시의 열정만 가지고 아무런 사전지식 없이 무작정 선교지로 떠났다가 여러 이유로 후회하는 경우를 종종 보게 됩니다. 심지어 다시는 선교지로 나가지 않겠다는 결심을 하고 돌아오는 안타까운 경우도 있지요. 결론적으로, 무작정 끌리는 나라를 고집하기보다는 어떤 사역을 섬길 수 있는가와 선교지에서 장기선교사로부터 어떤 돌봄을 받을 수 있는가를 고려하라고 말하고 싶습니다. 단기선교사가 선교팀에 속하지 않고 독립하여 사역을 하는 것은, 불가능하지는 않지만 좋은 결과를 기대하기 어렵습니다. 함께 동역할 팀을 찾는 가장 좋은 방법은 선교단체나 교회를 통해 안내를 받는 것입니다.

단기선교사는 이런 선교팀에 소속되는 것이 좋습니다. 첫째, 사역이 이미 시작된 곳이어야 합니다. 팀이 결성된 지 얼마 안 되어서 팀장 선교사가 아직 언어 과정 중이거나 구체적인 사역이 결정되지 않았다면, 그곳으로 간 단기선교사는 '내가 이곳에 왜 왔는가?' 하는 정체성의 어려움을 겪을 수 있습니다. 둘째, 선교의 내용보다 선교팀의 사람들이 더욱 중요합니다. 미리 아는 사람이 있는 곳이면 가장 좋지만 그렇지 않은 경우, 그곳 팀원들이 어디서 나왔으며 어떤 사람인가를 파악하는 것이 좋습니다. 물론 선교지에 있는 팀 구성원에 대해 자세히 파악하고 선교지에 간다는 것은 쉽지 않은 일입니다. 그러나 가능하다면 대략적인 평판이나 그곳에 갔다 온 사람들의 말을 참고하는 것도 좋습니다. 셋째, 자신이 가서 무슨 일을 하게 되는지를 확실히 하고 가야 합니다. 세세한 사항까지 확정할 수는 없겠지만, 그래도 교회 개척을 기대했는데 막상 선교지에 가서 MK 사역을 하게 된다면 선교기간은 견디기 쉽지 않은 기간이 될 것입니다. 소속될 선교팀을 조사할 수 있는 가장 좋은 방법은 선교여행입니다. 한 번이라도 직접 가본 선교지에 가는 것보다 정확한 것은 없습니다.

    P국에 간 K선교사는 2년간 선교를 다녀와서 "잃어버린 2년"이라고 표현했다. 전화로만 통화하고 가서 만난 현지의 장기선교사는 그를 마중조차 나오지 않았다. 심지어 장기선교사에게 "나는 당신을 팀의 일원으로 받아들인다고 말한 적이 없다"는 이야기까지 들었다. 원치 않게 독립선교사가 되어, 결심한 2년을 고생하면서 나름대로 잘 지내다 왔지만, 억울한 2년이라는 생각이 떠나지 않았다.

    B형제는 T국에서 1년 동안 단기선교를 하기로 하고 한국을 떠났다. 선교지의 상황에 대해 들었고 그곳 장기선교사와도 연락을 한 상태였다. 하지만 그곳 선교사는 아직 언어과정 중이었고, 현지의 상황으로 아직 본격적인 선교를 시작하지 못하고 있었다. 처음에는 함께 언어를 배우며 기다리려고 했지만 선교지에서의 시간을 그렇게 보낸다는 것이 생각처럼 쉽지 않았다. 결국 B형제는 단기선교를 중단하고 6개월 만에 귀국했다.

    구체적인 준비 중 빠질 수 없는 것은 교회와의 의논, 가족과 가까운 사람들과의 의논입니다. 먼저 자신이 몸담고 있는 교회의 담임목사님과 선교부장님과 의논하는 것이 좋습니다. 그분들의 조언을 듣고 축복을 받으며 선교지에 가는 것이 얼마나 아름다운 일입니까? 교회의 후원을 받을 수 있으면 좋겠지만, 그렇지 않더라도 교회의 관심과 기도의 지원을 받을 수 있다면 그것으로 충분합니다. 그러므로 그분들을 만나기 전에 많이 기도하고 충분히 준비하기 바랍니다. 따로 시간을 내어 찾아뵙고, 겸손한 마음으로 왜 단기선교사를 하려는지, 가서 어떤 일을 할 예정인지를 분명하게 설명드려야 합니다. 단기선교를 결심하게 된 과정을 간증문으로 써서 드리면 더 좋습니다.

가족, 친구, 친지와의 의논도 매우 중요합니다. 가족이 믿음의 집안이라면 하나님의 부르심을 겸손하게 소개하면 좋습니다. 하지만 믿음의 집안이 아니라면, 우선은 많은 기도가 필요합니다. 하나님께 지혜를 구하고, 좋은 때를 봐서 부모님께 말씀드려야 합니다. 아마 한 번에 허락되지 않을 수도 있습니다. 하지만 인내와 겸손이 필요한 것이 그리스도인에게 어디 이때뿐이겠습니까?

A자매는 P국에 두 주일간 선교여행을 가서 보면서, 1-2년 정도 단기선교사의 신분으로 다시 이곳에 오고 싶다는 생각이 들었다. 한국에 돌아온 그는 필요한 준비를 차근차근 하면서 단체의 선교훈련까지 마쳤다. 하지만 부모님의 심한 반대에 부딪혔다. 부모님은 그리스도인이셨지만 선교에 대한 이해가 적었다. 하지만 예상치 못한 반대에 A자매의 반응도 문제가 있었다. 이 문제에 대한 부모님과의 갈등이 감정싸움으로 변해 버린 것이다. 결국 A자매는 선교지로 나가지 못했다. 마음의 상처도 커서 신앙생활에도 영향을 미쳤다.

Step 08
후원 모금은 이렇게

단기선교사의 후원 모금도 장기선교사와는 많이 다릅니다.
많은 단기선교사가 가족이나 지인의 도움을 받아 선교지로 나옵니다.

단기선교사의 후원 모금도 장기선교사와는 많이 다릅니다. 우선 단기선교사는 제한된 범위의 사역에 동참하므로 필요한 후원의 규모가 그리 크지 않습니다. 하지만 선교팀의 간판이 아니기 때문에 사역을 매개로 한 후원 모금은 더 어려울 수 있습니다. 그래서 많은 단기선교사가 가족이나 지인의 도움을 받아 선교지로 나옵니다. 사실, 단기선교사의 현지 비용 중 상당 부분이 언어 습득에 들어가므로 언어 연수하는 셈치고 가족의 도움을 청하는 것도 일리가 있습니다.

후원을 모금할 때는 먼저 들어갈 비용을 산정해 보아야 합니다. 선교지의 비용은 생활비와 사역비, 기타 비용으로 나눌 수 있습니다. 일반적으로 단기선교사는 이미 장기선교사가 살고 있는 지역에 들어가므로 장기선교사에게 물어 필요한 예상 비용을 산정하는 것이 좋습니다. 그리고 그 필요한 비용에 맞게 후원을 모금해야 합니다.

대부분의 단기선교사가 후원을 요청해 본 적이 없기 때문에 난

SM 03>> SMTC 후원 원칙 및 후원관리자 모델

1. 단기선교사는 재정 출입 및 정보를 담당할 후원관리자를 세운다.
2. 후원관리자는 정기적으로 후원자들에게 단기선교사의 재정적 상황을 보고하고, 약속한 후원 날짜를 지키도록 연락한다.
3. 후원관리자는 훈련단체 담당간사에게 정기적으로 후원금액과 명단을 보고하여 현지 단기선교사에게 전달되도록 한다.
4. 후원관리자는 단기선교사의 기도편지 및 긴급한 기도제목을 후원자들에게 메일과 전화 등을 통하여 전달한다.

※ SMTC 후원관리자 재정보고의 예

K단기선교사의 5월 재정후원 보고

담당자 이름 : 도우미
담당자 소속 (JOY or 교회) : JOY

날짜	이름	소속	전화(집·핸드폰)	연락처(주소·이메일)	금액
5.9	김○○	JOY	019-XXX-1111	○○○○@hotmail.com	15,000
5.9	권○○	JOY	016-476-YYYY	○○○@dreamwiz.com	5,000
5.16	조○○	JOY	010-5519-ZZZZ	○○○○@hanmail.net	10,000
5.25	어○○	가족			100,000
6.1	김○○	교회청년부	017-307-XXXX	○○○○@gmail.com	10,000
6.2	권○○	JOY	016-476-YYYY	○○○@joymission.org	10,000
6.7	배○○	친구	018-986-ZZZZ	○○○○@paran.com	20,000

통 계
각 소속별 %
총 후원자 중 정기후원 %

*총 후원금 : 170,000원
*소속별 후원금(%)
　JOY 23.6% / 가족 58.8% / 교회 및 친구 17.6%
*지출
　송금 : 170,000원
*통장 잔금 : 60,000원

감해하거나 창피하고 부끄럽게 생각합니다. 하지만 선교사 후원은 나를 돕는 것이기에 앞서 하나님께 헌금하는 것입니다. 어떤 면으로는, 모든 그리스도인이 지상명령을 받고 나가야 하는 사명을 받았는데 일부에 불과한 선교사들만 대표로 나가기 때문에 남은 사람들이 재정을 부담하는 것이 하나님의 뜻이라고 볼 수도 있습니다. 물론 후원을 결정하는 교회나 개인도 넉넉한 형편에서 남는 것을 헌금하는 것이 아니므로 후원자들의 헌신을 너무 당연하게 여기는 것은 옳지 않습니다. 깊이 감사하며 받아들여야 하고, 또한 그들의 후원이 단기선교사 개인의 풍요를 위한 것이 아니라 하나님의 일을 위해 드린 헌금임을 기억하고 겸손함과 두려운 마음으로 받아야 합니다. 그러나 **선교사가 후원을 요청할 때 필요한 태도는 사명감과 감사함이지 부끄러움은 아니라는 것입니다.**

후원 모금을 위해 준비할 사항은 대부분의 훈련단체가 잘 준비시키고 있습니다. 후원을 요청할 때는 간증문과 함께 후원요청서, 파송단체(교회)의 추천서, 사진과 소개 카드 등을 준비해서 드립니다. 사진이나 소개 카드는 "저를 기억해 주시고, 기도해 주십시오"라는 의미이므로 깊이 생각해서 만들어야 합니다. 글을 쓸 때는 짧고 확신 있는 문장을 사용하는 것이 좋겠지요. 선교지에 가 있는 몇 년 동안 후원자들은 그것만 본다는 것을 기억하세요.

소속 교회나 다른 교회에 초청을 받아 간증이나 보고를 할 경우에는 많이 기도하고 철저히 준비해야 합니다. 적절한 영상이나 사진을 사용하면 깊은 인상을 줄 수 있습니다. 한 번의 보고가 몇 년 동안 성도들의 마음에 남아 있게 된다는 것을 기억하고 정성껏 준비하기를 바랍니다.

　　J자매는 선교지로 떠나기 전, 교회의 예배 중에 15분 정도 사역에 대해 소개할 시간을 허락받았다. 그는 파워포인트와 사진을 사용하여 간결하고 감동적인 보고를 했고 이 보고는 성도들의 마음에 믿음직한 인상을 심어주었다. 그가 선교지에 있으면서 기도와 재정적 도움이 넉넉했던 것은 어쩌면 그 보고 덕도 있지 않을까?

Step 09

선교훈련을 꼭 받아야 하나요?

훈련 받지 않은 사람은 선교지에서 수많은 문제에 부딪힐 때 거기에 대응할 수 있는 기초가 부실하기 때문에 동일한 문제라도 다른 사람보다 더 심각하게 겪게 됩니다.

그것은 "세상을 살기 위해 대학(학교) 교육을 꼭 받아야만 하나요?"라는 질문과 비슷합니다. 대학을 나오지 않아도 당장 사는 데는 문제가 없지요. 마찬가지로, 선교훈련을 받지 않아도 선교지에 도착해서 당장은 큰 문제가 되지 않습니다. 하지만 선교훈련은 선교가 무엇인지, 어떻게 해야 하는지를 무장시켜주는 훈련이기 때문에 훈련 받지 않은 사람은 그 무장이 충분치 않다고 볼 수 있습니다. 훈련 받지 않은 사람은 선교지에서 수많은 문제에 부딪힐 때 거기에 대응할 수 있는 기초가 부실하기 때문에 동일한 문제라도 다른 사람보다 더 심각하게 겪게 됩니다.

더욱이 예비 선교사가 선교지 출발을 앞두고 있으면 이런저런 준비로 무척 바쁘고 마음이 분주하기 때문에, 그런 훈련의 기회가 아니고는 자신을 돌아보고 소명을 되새길 시간을 갖기 어렵습니다. 선교지에 오면서 반드시 준비해야 할 것이 충전과 무장이라면 선교훈련은 바로 그런 시간을 제공해 주는 장치입니다.

선교훈련은 대개 파송단체를 결정하면서 정해집니다. 파송단체

SM 04〉〉 SMTC의 훈련 커리큘럼

SMTC란 Short-term Missionary Training Course의 약자로, SMer로 허입된 형제자매들을 파송 전 훈련시키는 프로그램입니다. 지원 후 심사와 인터뷰를 거쳐 허입이 결정되면 사역지를 정하고 3주간 합숙 훈련을 합니다. 주로 방학을 이용한 3주 훈련의 커리큘럼은 다음과 같습니다.

1주차. 자기이해와 공동체 / 선교 개관

시간	월	화	수	목	금	토
6:30~7:00		기 상 / 세 면 / 체 조				
7:00~8:20		경건의 시간 (큐티 / 아침 기도회)				
8:30~9:20		아 침 식 사				
9:30~11:00		선교의 성경적 기초	TJTA 검사	자기이해와 내적치유	선교역사의 이슈들	영적전투와 중보기도
11:20~12:50			자기이해와 내적치유			
1:00~2:20		점 심 식 사				
2:30~4:00	개강예배/OT	현대 선교 이해	자기이해와 내적치유		기도의 날	집으로…
3:10~5:40	Ice-breaking					
5:50~7:00		저 녁 식 사				
7:00~8:20		개인 연구(독서, 묵상, 과제)			기도의 날	
8:30~9:50		Story telling			예배 / 철야	
10:00~11:00		전체기도회				
		취 침				

2주차. 선교 심화 과정 / 현지 사역의 이해

시간	월	화	수˚	목	금	토
6:30~7:00		기 상 / 세 면 / 체 조				
7:00~8:20		경건의 시간 (큐티 / 아침 기도회)				
8:30~9:20		아 침 식 사				

시간						
9:30~11:00	단기선교사론	건강한 팀 사역	기도편지와 후원자 연결	LAMP 이론과 실습	DISC검사	
11:20~12:50	죠이의 단기선교운동					
1:00~2:20	점 심 식 사					
2:30~4:00	선교동향과 전략	선교지에서의 영성/자기관리	Outing	타문화 이해와 적응	기도의 날	집으로…
3:10~5:40						
5:50~7:00	저 녁 식 사					
7:00~8:20	개인 연구(독서, 묵상, 과제)				기도의 날	
8:30~9:50	Story telling				예배 / 철야	
10:00~11:00	전체기도회					
	취 침					

3주차. 사역의 실제 / CAMPING

시간	월	화	수	목	금	토
6:30~7:00		기상 / 세면		기 상 / 세 면 / 체 조		
7:00~8:20		경건의 시간		경건의 시간		
8:30~9:20		아 침 식 사		아 침 식 사		
9:30~11:00		팀별발표	캠프장으로	Culture shock	이동	수료식 준비
11:20~12:50				공동체 훈련		SMTC 수료식 (11시)
1:00~2:20		점 심 식 사				
2:30~4:00	전 기수와의 만남	시험	도착예배	Activity 2	도착 / 정리	
3:10~5:40		CAMP OT	Activity 1	수료식 회의	수료식 준비	
5:50~7:00		저 녁 식 사				
7:00~8:20	팀 활동 (지역연구)	집으로…	레크레이션	캔들화이어	자체 파송식	
8:30~9:50						
10:00~11:00	기도회		기 도 회			
	취 침					

는 그 단체의 철학과 선교사의 사역에 적합한 훈련 커리큘럼을 가지고 교육하기 때문에 큰 도움을 받을 수 있습니다.

하지만 선교단체의 훈련만 받으면 모든 것이 해결되는 것은 아

장기선교사를 위한 Tips 03 》 단기선교사를 맞이하는 선교팀장의 자세

대부분 선교지에서 이미 오랜 시간을 지내온 선교팀장은 선교지의 모든 것이 낯설지 않고 생활이 익숙하다. 그래서 처음 온 단기선교사의 마음을 이해하지 못할 수 있다. 단기선교사가 현지의 어떤 점을 신기해하고 어떤 점을 불편해하는지에 대해 둔감하여 잘 깨닫지 못하는 것이다. 하지만 선교팀장이 단기선교사를 받아 동역하고자 한다면 그들의 처지에 서 보려는 '눈높이 사역'이 필요하다.

단기선교사와 함께 동역할 팀장은 먼저 단기선교사의 인적사항을 충분히 숙지해야 한다. 그가 건강한지, 어떤 환경에서 성장했는지, 어떤 재능과 은사를 가지고 있는지, 올 때 가족이나 교회가 기쁘게 동의했는지, 그가 어떤 심리 상태인지, 기도와 재정 후원은 충분한지 등을 알고 있어야 한다. 둘째로, 그가 처음 선교지에 도착했을 때의 심정을 이해해야 한다. 처음에 오면 신기하고 여행 온 것처럼 마음이 들뜨게 마련이다. 이미 익숙해진 선교사에게는 아득한 옛 기억일지라도, 그 당시를 회고하며 처음 온 사람들을 배려해 주어야 한다. 셋째, 그가 언어는 어디서 어떻게 배울 것인지, 장차 사역에는 어떻게 동참하게 될 것인지를 안내해 주어야 한다. 그것이 불분명하면 단기선교사는 자기가 통제할 수 없는 상황에서 불안과 혼란을 겪게 될 것이기 때문이다.

하지만 무엇보다도, 단기선교사와 함께 일할 선교팀장은 단기선교사와 동역하는 사역 철학을 가지고 있어야 한다. "우리의 팀에서 단기선교사는 어떤 존재이며, 어떤 역할을 기대하는가?" "나는 팀장으로서 어떤 리더십 스타일로 돕고 동역할 것인가?" "이곳에서 지내는 동안 그가 어떻게 성장하기를 기대하는가?" 등의 사역 철학을 가지고 있어야 한다. 일관된 리더십이 있어야 함께 일하는 단기선교사가 불안해하지 않고, 안정적으로 적응하고 일할 수 있기 때문이다. '어디로 튈지 모르는 팀장'과 함께 일하는 것이야말로 정말 불안한 일이다.

그런 면에서, 단기선교사가 도착한 지 수일 이내에 오리엔테이션을 겸한 각별한 모임이 필요하다. 이 시간을 통해 선교지와 사역팀을 소개하고 사역에 대한 안내를 한다. 오리엔테이션 때는 모든 팀원이 참석해서 새로운 동역자를 환영하고 있음을 알려주어야 한다. 군복무 시절 훈련을 마치고 두려운 마음으로 자대에 배치된 느낌, 그것이 단기선교사의 심정이다. 그것을 얼마나 잘 풀어주느냐가 선교지에서의 첫걸음을 잘 내딛게 하는 비결이다.

닙니다. 훈련의 한계가 분명히 있지요. 첫째는, 어떤 훈련도 선교지의 상황에 꼭 맞도록 단기선교사를 준비시킬 수는 없다는 한계입니다. 아마 선교훈련 기간보다도 선교지에 도착해서 처음 몇 주간 배우는 것이 훨씬 빠르고 더욱 적합할 것입니다. 본국에서의 선교훈련은 선교사로서의 소명과 자세, 영적인 무장, 대인관계의 일반론을 배우는 시간입니다. 선교지에 가서 "우리 단체의 훈련과정은 왜 충분한 정보와 준비를 제공해 주지 못했을까?" 하는 어리석은 질문은 하지 말길 바랍니다. 둘째 한계는 단기선교사 훈련이라 할지라도 대개 장기선교사 교육에 준하는 훈련을 받는데, 장기선교사와 단기선교사는 소명과 사역에서는 물론, 선교지에서 생활 적응과 사역까지도 상당한 차이가 있다는 것입니다. 훈련은 어디까지나 원리(principle)를 배우는 것이지 방법론(tools)을 배우는 것이 아니라는 것을 이해해야 합니다. 셋째 한계는 선교지의 상황이 워낙 성령 주도적이라서, 한국이나 미국의 교회 사역처럼 고정되고 세련된 훈련만으로는 감당하지 못할 부분이 매우 많다는 것입니다. 선교지에 와보니 예상치 못했던 상황이 예상했던 상황보다 더 많더라는 말이 전혀 과장이 아닙니다. 선교지에서는 성령님의 도움 없이는 하루도 살 수 없고, 한 걸음의 사역도 나아갈 수 없습니다. 이런 생생한 공부는 아무리 훌륭한 교과서라고 해도 책에서 배울 수 없는 것이 아니겠습니까?

J자매와 N형제는 교회에서 여름 2주간의 선교여행을 다녀온 후 다시 1년간 단기선교사로 헌신했다. J자매는 학생선교단체 회원이

아니었기에 정보를 얻기가 쉽지 않았다. 당시 선교여행 담당자의 조언을 얻어 학교를 휴학하고 선교한국에서 주관하는 12주 훈련프로그램을 수료한 후, 학생선교단체에서 하는 3주간의 단기선교사 합숙훈련에도 참가했다. N형제는 소속된 학생선교단체에서 다양한 훈련을 받고 역동적인 활동을 하고 있었지만 막상 단기선교사로 나가는 것에 대해서는 어떤 선교대회나 훈련에도 참여할 시간적 여유가 없었다.

두 사람은 동일한 기간 동안 같은 장소에서 사역하였다. 선교지에서 빈번하게 일어나는 선교사와 현지인 간 갈등문제나 팀내 의사소통문제가 발생할 때마다 J자매는 힘들었지만 훈련의 기억을 떠올리며 담담히 받아들였다. 그러나 N형제는 자신이 학생선교단체에서 경험했던 것과 전혀 다른 현지의 상황을 이해하지 못하고, 매사에 비교하고 판단하며 힘들어했다.

평소에 다양한 훈련을 받아왔기에 건강한 그리스도인이라는 자신감이 있다 하더라도, 선교지는 다른 세계였다. 다른 세계로 들어가기 위해서는 준비가 필요했던 것이다.

선교훈련은 대개 합숙으로 이루어지기 때문에 강의를 수강하는 것 이상으로 배우는 것이 많다. 사실 선교훈련을 계획할 때 훈련동기들과 함께 부딪치면서 자신을 알아가고 인간관계의 중요성을 배우게 하려는 의도가 포함되어 있기 때문이다. 그래서 선교훈련 중에는 귀중한 동기생을 얻게 된다. 거의 아버지뻘 되는 동기가 있는가 하면, 나보다 훨씬 나이가 어린 동기도 있지만 함께 훈련받은 동기들은 하나의 사명으로 엮였다는 진한 동료의식을 가지게 된다. 훈련을 드디어 마치고, 한 명 한 명 선교지로 간다는 소식을 들을 때는 만감이 교차한다.

장기선교사를 위한 Tips 04 〉〉 단기선교사와 대화할 때 금기사항

부모는 자녀를 키우면서 많은 부담과 어려움, 희생을 감내한다. 하지만 심리학자들은 성장과정 중에 부모가 자녀에게 주는 상처가 그보다 훨씬 더 크다고 한다. 부모 앞에서 자녀는 항상 약자이기 때문이다. 장기선교사와 단기선교사의 관계도 이와 비슷해서, 장기선교사가 단기선교사를 위해 많이 헌신하고 배려할지라도 단기선교사가 장기선교사 앞에서는 여전히 약자라는 것을 이해해야 한다.

대부분의 장기선교사는 단기선교사의 경험이 없거나, 있더라도 오래 전의 일이다. 잘 이해하지 못해서, 또는 경험을 말해 준다는 것이 단기선교사에게 더 부담을 안겨줄 수도 있다는 것을 알아야 한다. 그러므로 세심하게 대하지 않으면 그들에게 상처를 주기 쉽다. 그들이 상처를 받으면 선교사역에 대해서까지도 안 좋은 영향을 미쳐 자칫하면 미래의 훌륭한 장기선교사 하나를 잃을지도 모르는 것이다. 그럼 장기선교사는 연자 맷돌을 매야 할지도…….

단기선교사가 듣기 싫어하는 말이 몇 가지 있다. 이건 10대의 자녀를 생각해 보면 쉽게 이해할 수 있다. 첫째는 말끝마다 "너는 단기니까……"라는 꼬리표를 붙이는 것이다. 물론 다르다는 것을 말하는 것인데, 듣는 사람에게는 "너는 적은 헌신을 가지고 이곳에 왔으니까……"라고 들리기도 한다. 둘째는 "내가 10년 전에 처음 왔을 때는……"이라는 말이다. 물론 한두 번 무용담처럼 들려줄 수도 있지만, 그런 이야기는 아버지가 아들에게 "내가 어렸을 때는 먹을 것이 없어서 나무뿌리를 먹었는데, 너희는 너무 배가 불러서 음식 귀한 줄도 모른다"라는 잔소리와 비슷하다. 어차피 아들이 보릿고개 시절을 사는 것이 아니듯, 단기선교사도 10년 전을 사는 것이 아니다. 그들에게는 현재의 선교지에 적응하도록 도와주는 것이 중요하다. 셋째는 어쩌면 가장 더 큰 문제일 수 있는데, 바로 대화가 부족한 것이다. 팀 내에서 단기선교사의 위치는 어디인지, 지금 사역이 어떻게 돌아가고 있는지 단기선교사에게 충분한 정보를 제공해 주지 않는다면 그는 사역자로서의 정체성에 위협을 느끼게 된다. 단기선교사가 자신의 사정을 충분히 말할 수 있는 통로도 열려 있어야 한다.

단기선교사는 그들의 시대에 그들의 연령에서 할 수 있는 최선의 헌신을 하고 선교지에 온 사람들이다. 장기선교사가 그들의 때에 할 수 있는 최선의 헌신을 하고 온 것과 마찬가지다. 단지 그 부르심의 종류가 다를 뿐이다.

선교훈련 중의 동기들은 자주 이런 약속을 한다. "일 년 후 8월에, 태국 ○○에서 만나자. 그곳에서 함께 휴가를 보내는 거야! 잊지 마!" 하하! 하지만 이런 약속은 절대 지켜지지 않는다. 각각의 선교지 상황은 모두 다르고, 단기선교사의 신분은 그렇게 여행하기도 쉽지 않다. 그럼에도 불구하고 그런 약속 자체가 진한 동기의 의식을 확인하는 과정의 하나이니, 그다지 나쁘지 않다. 기왕 안 지켜질 것이라면, 하와이나 파리로 약속하는 것이 어떨지?

Step 10

D-day를 한 달 남겨두고

출국 날짜가 잡히면 종이를 한 장 꺼내놓고 달력을 보면서,
그때까지 해야 할 일을 구체적으로 적습니다.

출국 날짜를 확정할 때가 되면 이제부터는 정말 준비할 게 많아집니다. 먼저, 날짜를 확정하기 위해서는 의논해야 할 대상이 많습니다. 대강의 날짜를 정한 다음, 가족과 파송교회, 선교단체, 그리고 선교 현지의 팀과도 의논을 해서 모두 동의가 되면 항공권을 예약합니다. 이제 D-day가 정해졌군요.

출국 날짜가 잡히면 종이를 한 장 꺼내놓고 달력을 보면서, 그때까지 해야 할 일을 구체적으로 적습니다. 나가기 전 인사해야 할 사람들, 구입하거나 얻어야 할 물건들, 비자나 필요한 서류, 본국의 물품은 어떻게 할 것인지, 환전 등등 수없이 많은 사항이 들어가겠지요. 비슷한 일은 함께 묶거나, 먼저 처리해야 할 일 순으로 정리하거나 하여 자신이 알아보기 쉬운 목록을 만들어두면 하나하나 준비해 나가기가 쉽습니다.

단기선교사가 모두 젊은이는 아니지만 20대가 비교적 많은 것이 사실이다. 그 나이는 '사랑을 아는 나이'이고 따라서 '사랑니' 때문

에 고생하는 나이기도 하다. 선교지에서 사랑니가 아파서 고생하는 단기선교사를 종종 봤다. 선교지에 따라서 의료시설이 낙후되어 있는 곳이 많다. 선교지에서 치과를 갔더니, 망치와 송곳을 들고 "이를 뽑겠습니다"라고 달려들면 어떻게 할 것인가? 그러니 평소에 사랑니나 충치가 말썽을 부리는 사람은 선교지로 떠나기 전에 치과에 가서 치료를 받아두는 것이 좋다. 어떤 치과치료는 몇 달이 걸리기도 하므로 충분한 시간을 두고 미리 치료하자. 어차피 해야 할 치료인데…….

하지만 무엇보다 중요한 준비는 기도의 준비, 마음의 준비입니다. 가능하다면 출국을 한 달이나 보름쯤 남겨두고 하루 이틀 기도원을 다녀오는 것도 좋습니다. 물건 한두 가지 빼놓고 가면 곧 그 물건 없이 사는 것에 익숙해지지만, 주님과의 관계에서 준비되지 않았다면 그것은 처음부터 끝까지 문제를 일으킬 수 있기 때문입니다.

충분한 휴식을 통해 건강을 회복하고 영적인 무장을 갖추어서 선교지에 가야만 합니다. 선교지는 생각처럼 거룩한 곳이 아닙니다. 음식과 물이 맞지 않거나 너무 많은 일 때문에 건강을 해칠 수도 있고 영적인 공격도 많이 들어옵니다. 그러나 안타깝게도, 충분한 휴식과 영적 무장을 한 상태에서 떠나는 선교사는 그리 많지 않습니다. 결국 선교지에서 선교사 본인과 선교팀, 현지의 사람들에게 불필요한 어려움을 끼치게 됩니다. 그러므로 꼭 기억하십시오. 선교지에 가기 전 반드시 준비해야 할 것은 어떤 핵심적인 물품이 아니라 본인의 육체적, 정서적, 영적 건강이라는 사실을 말입니다.

D-day를 한 달 남겨놓은 단기선교사의 준비 List	
서류 정리	여권 유효기간 만료일자 확인 비자 발급 사진 찍기 (사진 20장과 필름) 선교단체에서 요구하는 서류 작성
선교지에 확인	확정된 항공일정 알리기 특별히 준비할 것 묻기
짐 정리	가져갈 짐 목록 작성 가기 전에 남에게 줄 물건 구입할 물건 목록 작성 가져갈 책 목록 작성 가져갈 약 목록 작성 및 구입 현지 선교사님 드릴 선물 가방 구입하기
인사하기	가족과 특별한 식사 시간 친척 인사하기(할머니, 고모, 이모……) 파송 선교단체 방문 교회에 인사하기(목사님, 선교부장님, 부장집사님 등) 후원자들께 인사하기(평안교회, 김 집사님, 경수 오빠……) 교수님께 인사하기
기타	건강진단 기도원 다녀오기 학교 휴학하기 의료보험 및 운전면허증 중지 핸드폰 해지 (남자 경우) 출입국 사실에 따른 군 또는 예비군 관계 처리 환전 비행기 표 확인

3
선교지에서(1)
청년단기선교사의
생활

드디어 그곳을 밟다!
적응과 문화충격
입국 초기에 필요한 긴급한 도움들
언어는 현지화의 열쇠
경건 생활을 사수하라
시간 관리도 필요하다
건강을 지키는 가장 좋은 방법
재정 관리의 기본자세
주님의 성육신을 본받으라
단기선교사와 적응기간

Step 11
드디어 그곳을 밟다!
공기의 냄새도 다르고 눈에 들어오는 풍경도 다르고 길거리의 사람들도,
그들의 언어도, 모든 것이 낯설고 새롭습니다.

드디어 꿈에 그리던 선교지에 도착했습니다. 입국 심사대를 거쳐 밖으로 나오면, 함께 일하기로 한 선교사가 마중을 나와 있을 것입니다. 그분의 안내를 받으며 밟는 새로운 땅은 모든 것이 새롭습니다. 공기의 냄새도 다르고 눈에 들어오는 풍경도 다르고 길거리의 사람들도, 그들의 언어도, 모든 것이 낯설고 새롭습니다. 이런 시간은 매우 짧으니 처음의 신선한 충격을 잘 기억하고 즐기기 바랍니다. 정말 순식간에, 그토록 신기하던 것들이 이내 평범하고 아무 감동을 주지 못하는 것들로, 경우에 따라서는 짜증을 유발하는 것으로 변할 수도 있다는 충격적인 사실을 미리 알려드립니다.

처음에 선교지에 도착하면, 차들이 신호를 거의 지키지 않고 자유롭게(?) 달리는 것과 사람들 역시 자연스럽게 무단횡단을 하는 풍경이 재미있고 신기하게 느껴진다. 그러나 얼마 지나지 않아 판단하는 눈으로 사람들을 보게 된다. "이 사람들은 왜 이렇게 질서의식이 없는 거야?" 그러나 선교지에서 몇 년을 살고 나면, 귀국 후 빨간

신호등 앞에서 기다리는 1분의 시간도 견디지 못하는 자신을 발견하게 된다. 그때에야 드는 생각, '아, 그때가 좋았지~.'

선교지에서의 첫날, 아마 잠 못 이루는 밤일 것입니다. 소명과 이곳의 생활, 사역 등 여러 가지 생각이 교차합니다. 하지만 이제 한 걸음을 떼었을 뿐입니다. 내일부터는 다른 사람의 도움 없이는 한 발짝도 걸을 수 없는 한심한(?) 사람이 되니 마음 단단히 먹어야겠지요. 아직은 정신을 바짝 차리고 있으니 괜찮겠지만…….

Step 12
적응과 문화충격

문화충격이라는 면에서, 도시의 사역지로 온 단기선교사의 사역기간은 세 시기로 나눌 수 있습니다.

그 정도와 기간의 차이는 있지만 누구에게나 문화충격은 있습니다. 하지만 요즘은 과거보다 대도시에 가는 선교사가 많고 여행이 대중화되어 있으므로, 이제 문화충격에 대해 상술하는 선교이론 책자는 별 필요가 없어졌습니다. 더욱이 단기선교사라면 아무도 없는 지역에 혼자 가서 적응하고 개척하는 경우는 거의 없지요. 여기서도 그런 가능성은 배제하고 누군가가 적응을 도와준다는 상황에서만 적응 문제를 거론하겠습니다.

문화충격이라는 면에서, 도시의 사역지로 온 단기선교사의 사역기간은 세 시기로 나눌 수 있습니다. 첫째, 도착 이후 보름의 기간입니다. 이 기간에는 단기선교사에게 생존할 능력이 없습니다. 누군가 함께 사는 것이 가장 좋고, 만일 혼자 산다면 근처에 도움을 줄 사람이 대기하고 있어야 하겠지요. 그러나 세 끼 식사와 외출 등 모든 일을 함께 처리해 줄 필요는 없습니다. 오히려 이제 막 도착한 선교사의 적응을 더 지연시키는 결과를 가져올 수 있으므로 주의해야 합니다. 계획성 있게 도와주는 것이 가장 좋은 방법입니다.

처음 B시에 도착한 다음날, 자녀들이 다닐 학교를 찾아가야 해서, 동료 선교사의 도움으로 인력거를 탔다. 하지만 인력거 아저씨는 우리가 찾는 목적지를 잘 모르면서 우리를 태웠던 것이다. 답답한 실랑이 끝에 그는 "여기가 그곳이다"라며 우리를 내려놓고 유유히 사라져 버렸다. 우리 집에서 한 1킬로미터는 떨어진 곳인 것 같은데 어디인지 알 수가 없었다. 완전히 미아가 되어버린 것이다.

P자매의 마음은 뜨거웠다. 드디어 꿈에 그리던 선교지가 눈앞에 나타나는 순간이었다. 공항에는 선교사님 내외분이 한국에서 온 그를 기다리고 계셨다. 공항을 빠져나와 달리는 차 안에서 바라본 선교지는 이제껏 본 적 없는 이국적인 풍경이었다. 마음보다 뜨거운 기후, 습한 공기, 열대 나무 그리고 검은 피부와 큰 눈을 가진 사람들이 있었다. 여기까지는 다 좋았다. 그러나 먼 시간 차를 타고 도착한 장기선교사님 댁에선 P자매가 평소 혐오하는 벌레들이 곳곳에서 출몰했다. 낯선 기후, 벌레 그리고 알아들을 수 없는 언어는 P자매에게 스트레스로 다가왔다. 그 땅에 도착하기 전 P자매의 마음을 가득 채웠던 뜨거운 복음의 열정은 태양이 옷을 뚫고 들어올 것 같은 강렬한 더위와 줄지어 이동하는 벌레들 사이에서 이내 사그라질 것만 같았다. 그뿐 아니라 선교지는 P자매가 생각한 것처럼 환상적이고 기적 같은 일들이 곳곳에서 터지는 유토피아가 아니었다. 선교사님들은 우유를 사고 빨래를 하는 일상을 살아가고 계셨고 선교사님의 자녀들은 학교에 다니고 간식을 먹는 보통 어린이였다. P자매에게 선교가 삶이라는 것은 또 한 번의 충격이었다. 선교는 꿈

속의 환상이 아니라 현실이라는 것을 P자매는 전혀 몰랐다.

둘째, 보름에서 3개월까지의 기간입니다. 일상생활은 가능하지만 돌발 상황이 생겼을 때 대처 능력이 없는 기간이라고 할 수 있습니다. 옆집에서 공구를 빌리러 오거나 수도 검침을 하러 오는 것도 두려울 수 있습니다. 이 기간에 선임선교사가 함께 지낼 필요는 없지만, 필요할 때 도움을 요청할 수 있는 사람이 정해져 있다면 좋을 것입니다.

세 번째 기간인 3개월 이후로는 웬만한 생활 능력이 있다고 볼 수 있습니다. 그래서 적응 중인 단기선교사가 도움을 요청하지 않는다면 굳이 먼저 도움을 줄 필요가 없습니다. 오히려 너무 오랜 기간 도와주면 자립 능력이 떨어집니다.

이 적응의 과정은 단기선교사가 혼자 사느냐 다른 사람과 함께 사느냐에 따라 큰 차이가 납니다. 이미 적응이 된 사람과 함께 산다면 선교지 적응에 '연착륙' 하는 경우입니다. 천천히, 큰 스트레스 없이 부드럽게 적응하는 것이지요. 하지만 많은 시간이 소요되고, 함께 사는 사람과 갈등이 생기기도 합니다.

D도시의 선교팀에서는 상황을 고려하여 혼자 살게도 하고 함께 살게도 한다. 위험 때문에 일반적으로 형제만 혼자 살게 하는데, 혼자 사는 형제는 처음에 무척 힘들어하고 일이 연속적으로 터지면 원망을 하기도 한다. (그러나 누구를 원망한단 말인가?) 하지만 몇 개월 후에는 혼자 산 형제가 함께 산 형제자매들보다 언어와 현지화 능력

에서 훨씬 뛰어나다는 것을 발견하게 된다. 1-2년 뒤, 현지 언어수준 시험에서 혼자 산 형제가 남들보다 높은 성적을 받은 것은 결코 우연이 아니었다.

이에 비해 혼자 사는 것은 '경착륙'에 해당합니다. 급속하게 타문화 속으로 들어가기 때문에 도착 초기에 심한 문화충격을 받지만 힘들어도 빨리 적응할 수 있습니다. 선교이론 중 결속이론(bonding theory)은 경착륙을 지지하고 있습니다.

도시 지역이 아닌 농촌이나 좀 낙후된 지역에서 살게 되는 단기선교사는 좀 다릅니다. 적응의 과정은 마찬가지로 앞의 세 단계를 거치지만 그 기간이 좀 더 길어집니다. 아마 생존능력이 없는 첫째 단계가 보름보다 더 길어지고, 다른 사람의 도움이 필요한 둘째 단계도 3개월보다 더 오래갈 것입니다. 하지만 이러한 과정을 거쳐서 결국 적응하게 된다는 것만은 다르지 않습니다.

● Tips

결속이론(bonding theory)
결속이론은 언어학자인 토마스와 엘리자베스 브루스터 부부(Thomas and Elizabeth Brewster)가 제안한 것으로, 생후 초기에 짧은 기간 동안 나타나는 각인(刻印, imprinting) 능력에서 힌트를 얻었다. 갓 태어난 아기는 잔뜩 흥분하여 아드레날린 수치가 최고조에 달해 있는데 그 신체적, 심리적 에너지가 주변의 상황을 각인하고 부모와 결속하는 데 사용된다. 탄생은 본질적으로 새로운 문화로 입문하는 것이므로 각인과 결속이론은 다른 문화권에 진입하는 선교사에게도 적용할 수 있다.

새로운 문화에 들어가려는 단기선교사 역시, 쏟아지는 새로운 경험 속에서 어디에든 결속하려는 본능이 있다. 그러므로 선교지에 도착해서 첫 2-3주 동안은 선교지의 문화에 가능한 한 많이 노출되는 것이 좋다. 요즘처럼 단기선교사들이 대부분 도시에서 사역할 경우, 문화적 격차가 심하지 않으므로 생각보다 빠른 시간에 적응할 수 있다. 그러므로 현지의 선교팀장은 새로운 환경에 노출된 단기선교사가 초기에 각인 능력을 활용하여 선교지의 문화를 받아들일 수 있도록, 위험하지 않은 한 도 내에서 혼자 다녀보고 물건도 혼자 구입하게 하는 것이 좋다.

Step 13
입국 초기에 필요한 긴급한 도움들*

새로 도착한 단기선교사는 선교지에 대해 아무것도 모르고, 할 수 있는 것도 아무것도 없으므로 반드시 누군가 공항에 마중을 나와 데려가야 합니다.

입국 초기 며칠 동안 도움을 받아야 하는 긴급한 사항들이 있습니다. 선교팀장인 장기선교사가 도와줄 수 있는 부분으로, 만약 현지의 사정으로 다음 부분이 해결되지 않는다면 단기선교사가 요청할 수도 있습니다.

공항 마중 및 임시거처 마련

새로 도착한 단기선교사는 선교지에 대해 아무것도 모르고, 할 수 있는 것도 아무것도 없으므로 반드시 누군가 공항에 마중을 나와 데려가야 합니다. 단기선교사는 만약의 경우를 대비해 반드시 선교팀과 연락할 수 있는 전화번호를 알고 있어야 하겠지요. 선교지의 공항에 나왔는데 아무도 만나지 못한다면 난감한 노릇입니다.

며칠 혹은 한 달이라도 당장 거할 수 있는 임시 숙소가 마련되어 있는 것이 좋습니다. 물론 임시 숙소에서는 짐을 풀기도 어렵고 자

---

* 이 장의 내용은 장기선교사가 미리 알고 준비해서 단기선교사에게 필요한 도움을 줄 수 있어야 하므로 이 장 전체로 '장기선교사를 위한 Tip 05'를 갈음합니다.

신의 숙소가 정해지지 않았다는 생각에 마음도 편하지 않습니다. 선교팀장은 신임 단기선교사가 임시 숙소에서 지내는 기간이 한 달을 넘기지 않도록 하고 가능한 한 빨리 생활을 안정시켜주어야 할 것입니다.

집 구하기와 계약하기

이미 살고 있는 사람과 함께 살 것이 아니라면, 선교팀장을 따라 함께 다니면서 스스로 보고 결정하는 것이 좋습니다. 장기선교사가 집을 미리 계약해 둔다면 단기선교사는 그 집에 사는 내내 '왜 이런 집을 구해 줬을까?' 하는 원망이 떠나지 않을지도 모릅니다. 그러나 다른 문화권에 처음 와서 자신의 취향에 딱 맞는 집을 찾는 것은 불가능할 뿐 아니라, 그런 집에 사는 것도 바람직하지 않습니다. 처음에 발품을 팔면서 여러 집을 둘러보는 동안 단기선교사 스스로, 그곳의 생활수준을 파악하고 자신이 어떤 집에서 살아야 할지 눈높이를 맞출 줄 알게 될 것입니다.

학교 등록하기

언어를 배울 수 있는 학교에 등록하는 것은 당연히 도움을 받아야 합니다. 마땅한 언어 과정이 개설되어 있지 않거나 시기적으로 학기에 맞출 수 없다면 개인 교사를 구하는 것도 한 방법입니다. 단기선교사는 무엇보다도 언어를 빨리 익혀서 구사할 수 있게 되는 것이 결국 적응의 열쇠이기 때문입니다.

그 외에도 장기선교사가 단기선교사를 위해 입국 초기에 도와주고 알려줘야 하는 기본적인 일들은 환전과 은행구좌 개설, 전화, 핸드폰, 인터넷 등의 통신수단 마련, 기본적인 물품 구매하는 방법 가르쳐주기, 기본적인 지리 가르쳐주기 등이 있습니다. 그러나 이것들은 일반적인 원리가 있는 것이 아니고 선교지의 상황에 따라 가장 적합한 방법이 있을 것이므로 먼저 살아본 사람만이 알려줄 수 있습니다.

가정 단위의 선교사는 적응과정이 훨씬 복잡합니다. 집을 구할 때도 고려할 사항이 더 많으며, 자녀의 교육과 적응 문제를 함께 고려해야 합니다. 가정 단위의 단기선교사는 집안에서 한국어를 사용하고 가정의 일을 돌보는 데 적지 않은 시간과 에너지를 쓰며 상대적으로 선교지 사회에 접촉하는 시간이 적기 때문에 적응과정에 시간이 더 소요됩니다. 반면 장점도 있습니다. 가정 단위의 선교사는 비교적 안정적인 마음 상태로 선교지 상황을 받아들이기 때문에 일단 적응을 하면 장기간 동요 없는 견고한 선교사가 됩니다. 투자가 많으므로 소득도 크다고 할까요?

Step 14

언어는 현지화의 열쇠

언어를 능숙하게 하지 못하는 선교사는 그가 아무리 유능하더라도
역할이 한정적일 수밖에 없습니다.

언어를 능숙하게 하지 못하는 선교사는 그가 아무리 유능하더라도 역할이 한정적일 수밖에 없습니다. 그가 들어갈 수 없는 부분이 생기고, 현지인과 깊은 감정의 교류가 일어나지 못합니다. 모든 선교사는 언어 학습에 최선을 다해야 합니다. 이것은 단기선교사도 마

● **Tips**

선교지의 언어
어떤 언어학자가 선교사를 훈련하면서 이렇게 말했다. "세상에는 세 종류의 언어가 존재합니다. 첫째는 hard language이고, 둘째는 harder language, 셋째는 hardest language입니다." 세상에 배우기 쉬운 언어는 없다는 의미이다. 실제로, 선교사는 언어 때문에 고생하고, 수십 번 실망하며, 그 때문에 늙어간다.
　미국의 한 조사에 따르면 서양인이 배우기에 가장 어려운 언어가 4개라고 한다. 중국어, 일본어, 아랍어 그리고 한국어다. 문자 체계 자체가 알파벳과 전혀 다를 뿐 아니라 어순, 문법이 다르니 생소하고 어려울 것이다. 게다가 한국어는 수많은 어미변화는 물론 한자어와 우리말이 이중적으로 사용되어서 단어의 미묘한 느낌을 알아야 올바른 단어를 선택할 수 있으니 확실히 어려운 언어다. 한국어를 능숙하게 할 수 있다는 것은 그만큼 어려운 언어를 일상적으로 사용해 왔다는 의미이므로, 한국인은 충분히 다른 언어를 배울 수 있는 자질을 가지고 있다.
　중국어의 경우, 한 마디도 못하는 상태로 중국에 와서 중국어를 열심히 배운다면, 3개월이면 생활(생존?)이 가능하고, 6개월이면 의사소통이 가능하며, 1년을 배우면 대학에 들어갈 수 있다. 선교사의 경우 2년 이내에 사역이 가능하다고 본다. 여기서 사역이란 정해진 교재를 가지고 성경공부를 하거나 준비된 설교를 하는 수준을 말한다.

찬가지입니다. 그러나 사역기간이 짧은 단기선교사가 어느 정도까지 언어를 배울 수 있을까요? 해당 언어의 난이도에 따라 다르지만 대부분의 언어는 1년이면 기본적인 의사소통이 가능합니다.

나이가 너무 많거나 언어적 재능이 없거나 혹은 학습환경이 좋지 않을 경우에는 시간이 더 걸릴 수 있습니다. 그렇다 하더라도 선교팀의 지도자는 신임선교사가 언어를 익히는 평균 속도를 맞추도록 어느 정도 압력을 줄 필요가 있습니다. 언어능력을 측정할 수 있는 평가시험이 있다면 응시하게 하고, 현지어를 쓸 수밖에 없는 환경으로 계속 데리고 다니며 동기를 유발해 주어야 합니다. 단기선교사 스스로도 '언어는 곧 생명' 이라는 생각이 들 때까지 볶아주시기 바랍니다. 그런 절박함이 있을 때 더 열심히 공부하는 것이 사람이니까요.

단기선교사가 학교에서 배우는 언어만으로는 사역하기에 충분하지 않습니다. 학교에서는 성경용어를 배우지 않고 기도하는 방법도 배우지 않으니까요. 선교사가 많은 곳에서는 사역에 필요한 언어를 별도로 배우는 방법을 마련할 수 있겠지만, 대부분은 그런 여건이 안 될 것입니다. 그렇다면 선임선교사를 졸라서 사역 언어를 배우거나, 현지 지도자에게 협조를 받아서 스스로 익혀야 합니다. 혼자서 연구하는 것은 불가능하지는 않지만 시간이 많이 걸리고, 현장에서는 쓰지 않는 사어(死語)나 문어적 표현이 아닌지 점검받기도 어렵습니다. 선교지에서는 무엇이든 혼자 알아서 하기보다 선임선교사나 현지 사람들에게 많이 물어보는 것이 좋습니다. 무조건 의존하라는 것이 아니라, 나만의 생각으로 일을 진행하지 말고 현지의 상황과 기준에 맞추라는 것입니다. 현지의 언어를 배우는 것도, 현지 선교팀의 사역방식을 배우는 것도 모두 현지의 사람들에게 다가가기 위해서임을 기억하십시오.

장기선교사를 위한 Tips 06》 단기선교사의 언어능력, 어디까지 요구해야 할까?

단기선교사가 어느 정도 언어를 배워야 하는가? 일률적으로 단정 지어 말하기는 어렵다. 선교팀장은 몇 가지를 고려하여 기준을 세워놓는 것이 좋다. 첫째는 그 단기선교사가 어떤 사역을 할 것인지다. 교회 개척 사역을 하거나 성경공부에 직접 뛰어들 것이라면 상당한 수준의 언어를 배우도록 동기부여하고 강하게 요구해야 한다. 둘째는 그가 언어를 배울 수 있는 환경이 어떠한지다. 돌봐야 할 어린 아기가 있는 엄마 선교사라거나, 언어를 배울 수 있는 적당한 학교가 없다면 무리한 목표를 세울 수 없다. 셋째는 그 단기선교사가 언어에 재능과 열정을 갖고 있느냐다. 젊은 사람이 언어를 배우는 것이 나이든 사람보다 낫다는 것은 인정하지만, 열정은 나이의 차이도 극복하게 한다. 이상의 조건을 고려하여, 팀에 속해 있는 단기선교사의 언어 습득 목표를 조정해 주어야 한다. 하지만 너무 쉬운 목표보다는 부담이 되더라도 높은 목표를 제시하는 것이 좋다. 그가 단기선교를 하는 기간뿐 아니라 나중에 다시 장기선교사로 오든, 아니면 귀국해서 다른 일을 하든, 한번 배운 언어는 일생의 귀중한 자산이 된다.

Step 15
경건 생활을 사수하라

선교지는 수준 높은 공예배가 귀한 곳입니다. 있더라도 언어 문제나 예배 인도에 대한 부담 때문에 예배에 깊이 몰입하기가 쉽지 않습니다.

선교지는 수준 높은 공예배가 귀한 곳입니다. 있더라도 언어 문제나 예배 인도에 대한 부담 때문에 예배에 깊이 몰입하기가 쉽지 않습니다. 그래서 선교사는 개인적인 경건생활만으로 자신의 영적인 필요를 충분히 채울 수 있도록 훈련되어 있어야 합니다. 이 부분은 단기선교사도 예외일 수 없습니다.

매일의 생활에서 QT는 생명과 같이 여겨야 합니다. 하나님 앞에 서지 못하는 사람은 사람 앞에도 설 수 없습니다. 기본적으로 성경읽기와 기도생활은 하나님 앞에서 지켜나가야 합니다. 단기선교의 기간이 장기선교의 준비과정이라면, 이후의 장기선교를 대비하기 위해서라도 개인이 스스로 영적인 생활을 지켜나가는 훈련을 하기에 더없이 좋은 기회입니다.

영적으로 수준 높은 공예배를 누렸던 한국 젊은이들은 축복받은 사람입니다. 잘 준비된 찬양, 좋은 시설, 훌륭한 설교가 있는 예배에서 영적 만족과 안식을 누리던 젊은이들이 선교지에 오면 그런 것들이 전혀 갖춰지지 않은 예배에서 뭔가 부족함을 느끼고 예배를 드려도 드리지 않은 것 같은 답답함을 느낍니다. 하지만 사실, 좋은 시설과 찬양, 설교 그 자체는 성령님이 아닙니다. 그것은 문화이며 성령님이 역사하시는 통로일 뿐입니다. 많은 선교지의 예배는 그렇지 못하고, 그나마도 언어의 문제가 있어서 예배에 만족하기가 쉽지 않습니다. 하지만 우리에게 뭔가 부족한 듯 느껴지는 바로 그 예배를 통해서 사람들은 주님을 만나고 변화하며 성장한다는 것을 기억해야 합니다. 우리는 예배에 임재하시는 성령님을 보아야지 그 배경에 있는 인간의 기술을 보아서는 안 됩니다.

선교사들이나 믿는 한국인 형제자매들과 정기적인 기도회를 하는 것은 보완적으로 매우 중요합니다. 선교지에서 발생하는 독특한 기도제목을 서로 나누고 깊이 있게 대화하는 시간이 있다면 선교지에서 역사하시는 성령의 강력한 위로를 받는 기회가 될 것입니다.

Step 16
시간 관리도 필요하다

일이 많지 않으므로 개인적으로 쓸 수 있는 물리적인 시간이 많아지는 것도 있지만 그보다도 선교지에서는 자신이 결정할 수 있는 시간이 많아지기 때문에 더욱 시간 관리가 필요합니다.

선교지에서의 생활이 바쁠까요? 대답은 간단합니다. "전혀!" 물론 선교지에 오래 머문 베테랑 선교사는 많은 분야의 일을 돌보느라 바쁠 수 있지만, 단기선교사가 바쁜 것은 정말 이상한 일입니다. 만일 단기선교사가 바쁘다면 그가 하고 있는 일이 정말 필요한 일인지 생각해 보아야 합니다. 스스로 바쁘다 생각되더라도 본국에서의 생활에 비하면 시간 여유가 매우 많을 것입니다.

　일이 많지 않으므로 개인적으로 쓸 수 있는 물리적인 시간이 많아지는 것도 있지만 그보다도 선교지에서는 자신이 결정할 수 있는 시간이 많아지기 때문에 더욱 시간 관리가 필요합니다. 본국에서는 이미 정해진 예배 시간과 각종 모임 시간이 일정을 꽉 채우고 있었지만 선교지에서는 그렇게 정해진 시간이 많지 않습니다. 예배 시간도, 공부 시간도, 친구를 만나는 것도 스스로 시간을 할애해서 쓰면 되는 것입니다. 주어진 시간을 어떻게 관리하느냐에 따라 낭비하려면 한없이 낭비할 수 있고 선용하려면 한없이 잘 활용할 수 있는 축복의 땅이 바로 선교지입니다.

시간 관리는 목표 관리와 떼어놓을 수 없습니다. 선교지에 도착하면 단기선교 기간 동안 자신이 성취할 목표를 정하고 그에 따른 세부 목표를 목록으로 정리하는 것이 좋습니다. 단기선교사를 관리하는 팀장은 그것을 요구하는 것이 좋겠지요. 정해진 목표를 이루기 위해 주어진 시간을 어떻게 사용할 것인가? 이것이 진정한 시간 관리입니다.

대부분 단기선교사는 생활이 갑자기 한가해지면 견디지 못하고 답답해합니다. 언제나 바쁘게 살아온 한국 사람은 특히 더한 것 같습니다. 동료와의 시간, 현지 친구들과의 만남, 심지어는 거리 구경 등의 일정을 잡아서라도 일주일 내내 바쁘게 지내야만 자기의 존재가치를 확인받는다고 생각하는 이상한(?) 선교사가 있습니다. 그러나 일주일에 이틀 정도는 아무 약속을 잡지 않고 집에 있기를 권합니다. 그런 절제의 선이 없으면 혼자 시간을 보내면서 선교지의 장점을 누릴 기회를 영영 잃어버리고 맙니다.

● **Tips**

바쁜 가루
한국은 이상한 사회다. 사회적 지위가 높고 낮고, 나이가 많고 적고를 막론하고 모두 바쁘다. 한국 사람은 하루에 처리하는 일의 양도 엄청나게 많고, 심지어 걸어 다니는 속도도 매우 빠르다. 한꺼번에 여러 가지 일을 하는 것도 일반화되어 있다.
그 이유는 잘 알려져 있지 않은데, 사실 아주 먼 옛날 한국에 아무도 살고 있지 않았을 때, 천사가 와서 한국 하늘에 '바쁜 가루'를 뿌리고 갔다. 그 가루를 맞은 사람은 예외 없이 바쁘게 살게 되는 신기한 가루다. 그런데 아직도 한국 상공에는 그 가루가 많이 남아 있어서 한국의 공항에만 내려도 갑자기 바빠지고 걸음걸이가 빨라지는 것이다. 분명히 그 가루 때문이다.

인도네시아에서 맞는 첫 주일. S자매는 당황스러웠다. 아침부터 저녁까지 일정이 꽉 짜인 한국의 교회 문화와 달리 이곳은 오전 11시 예배 한 번으로 모든 교회 일정이 끝나기 때문이었다. 달리 할 일도 없이 집으로 돌아와 밀린 빨래도 하고 언어 공부도 하며 시간을 보내는데 '주일을 이렇게 한가하게 보내도 될까' 하는 죄책감이 들어서 집중할 수가 없었다.

선교지 시간의 또 다른 특징은 공적인 시간과 사적인 시간의 구분이 명확하지 않다는 점입니다. 선교지에서는 본국에서처럼 공동체의 모임이나 공동체 관련 일을 하는 시간과 개인적으로 보내는 시간을 뚜렷이 나누기가 어렵습니다. 사실은 그것이 맞습니다. 선교사는 선교와 관련된 일을 하거나 선교 대상을 만날 때만 선교사라는 직업을 갖고 그 외의 시간에는 개인 생활을 하는 사람이 아닙니다. 선교사는 선교 업무를 할 때뿐 아니라 존재 자체로 선교사입니다. 선교지에서 살고 예배하고 친구를 만나고 공부를 하고 교회를 개척하는 그 모든 시간이 하나님 앞에서 살아가는 삶이며 사역이며 예배인 것이지요. 선교사로서의 공적 영역과 그렇지 않은 개인 영역을 명확히 구분하려는 이원론(二元論)은 성경적이지 않습니다. 이원론적 사고방식은 시간 관리에 있어서도 하나님이 들어오실 수 없는 영역을 만드는 결과를 낳는데, 이렇게 되면 우리의 헌신의 태도에 큰 손상을 입힐 뿐 아니라 우리가 누릴 수 있는 수많은 축복도 상당 부분 잃어버립니다. 그러니, 하나님과 교제하는 시간과 일하는 시간, 개인적인 시간과 공동체적 시간을 구분하지 않고 하나님과 24시간을 함께할 수 있는 선교지는 정말 축복의 땅이 아니겠습니까?

선교지 Z대학의 형제자매들에게는 좋은 전통이 있다. 아침마다 함께 모여서 QT를 하는 것이다. 매일 아침 7시 형제자매들은 삼삼오오 모여서 벤치나 잔디밭에서 말씀을 묵상하고 서로 묵상한 내용을 나눈 다음, 하루 일과를 시작한다. 그들의 모임을 섬기는 한국인 D형제도 매일 그들과 함께 QT를 한다. 그렇다면 현지어 성경을 묵상하고 발견한 진리를 현지어로 나누는 이 QT모임은 D형제에게 어떤 시간인가? 개인 경건 시간인가? 그들을 돌보는 사역의 시간인가? 아니면 언어를 공부하는 시간인가? 아침 공기를 마시는 개인건강 관리의 시간은 아닌지? 이처럼 사역지에서는 개인의 시간과 사역의 시간이 잘 구분되지 않는 경우가 많다.

단기선교사는 대개 언어학교를 다니기 때문에 방학 기간이 있습니다. 언어 공부에서 해방된 이 시간을 잘 계획하면 알차게 보낼 수 있습니다. 대개의 경우 여름방학이 더 길고 쓸모 있게 사용할 수 있기 때문에 여행이나 각별한 취미활동 등으로 의미 있는 경험을 합니다. 하지만 그러기 위해서는 경제 상황을 미리 고려해야 하겠지요.

Step 17
건강을 지키는 가장 좋은 방법

건강에 문제가 생기면 모든 것을 한꺼번에 잃어버릴 수도 있을 만큼 치명적입니다.
그러나 건강에 각별히 관심을 기울이고 조심한다는 것이 선교지에서는 쉽지 않은 일입니다.

건강에 문제가 생기면 모든 것을 한꺼번에 잃어버릴 수도 있을 만큼 치명적입니다. 그러나 건강에 각별히 관심을 기울이고 조심한다는 것이 선교지에서는 쉽지 않은 일입니다. 선교지에서 건강을 지키는 가장 좋은 방법은 규칙적이고 건강한 생활 습관을 갖는 것입니다.

우선 음식은 한국식보다는 그 지방의 음식을 먹는 것이 좋습니다. 신토불이라고 했던가요? 대개 그곳에 살고 있는 사람들은 그 음식을 먹고 수천 년간 살아온 사람들입니다. 그곳에서 살기 위해서는 그곳 음식을 먹는 것이 가장 좋은 건강비결입니다. 하지만 체질이 다른 한국인이 외국에서 살아가려면 조심할 것도 많습니다.

어떤 선교지에서는 음식을 가지고 범죄를 하는 경우가 있다. 가짜 우유, 가짜 두부, 가짜 술, 심지어 가짜 쌀(묵은 쌀을 공업적으로 재생)도 있으며, 농약을 많이 친 과일과 채소, 아주 더러운 곳에서 제조, 포장한 음식도 있다. 하지만 정부도, 대형할인점도 그 품질을 보증해 주지 않는다. 그러니 스스로 조심하는 수밖에. 가장 일반적인 방법은 조금 비싸더라도 유명상표의 음식을 먹는 것이다. 선교지에서는 싼 게 비지떡이 아니고, 싼 게 독약일 수 있다.

지방에 따라서 금기하는 음식이 있습니다. 돼지고기나 소고기를 금하거나, 특정한 과일을 피하는 경우도 있지요. 금기하는 음식은 대개 종교적인 이유나 그 지방에서 내려오는 풍습과 관련이 많습니다. 어찌 되었든 그곳 사람들이 금기하고 있다면 우리도 그들의 교제를 위해서 안 먹는 것이 좋습니다. 또한 현지 사람들이 유독 피하는 음식이 있다면 우리의 건강을 위해서도 피하는 것이 좋습니다.

일부 열대지방은 더위 때문에 몸에서 열을 내는 음식을 무척 가린다. 다른 지방에서는 쉽게 먹는 음식인데도 "그런 음식은 몸을 덥게 한다"며 먹기를 꺼린다. 그들이 여름에 꺼리는 음식은 양고기, 두리안(독특한 냄새가 나는 열대과일), 여지(리즈), 망고, 파인애플 등이다. 반면에 몸을 시원하게 해주는 신기한 차(茶)도 있다. 이 차는 따뜻하게 데워서 먹지만 몸에 들어가면 몸을 시원하게 변화시켜준다고 한다. 참 신기한 음식 문화다. 하지만 이들이 이런 음식 풍습으로 수천 년 동안 더위를 견디어 왔다면 귀 기울일 가치가 있지 않을까?

평소에 늘 건강했다고 생각하는 사람도 선교지의 새로운 환경과 기후에서는 조심해야 합니다. 본국보다 지나치게 덥거나 추울 때, 훨씬 더 건조하거나 습할 때는 자신의 몸을 과신하지 말고 난방기

구나 에어컨을 사용하는 등 필요한 조치를 해야 합니다.

    가장 좋은 건강 유지 방법은 운동입니다. 어느 곳에서나 할 수 있는 달리기나 수영 등의 유산소운동이 가장 좋지만 그 운동들은 '외로운 운동'이라고 할 정도로 굳은 의지가 필요하기 때문에 평범한 사람들이라면 구기(球技) 한 가지를 취미로 하는 것을 권합니다. 예를 들어 탁구나 배드민턴, 테니스나 축구, 농구 같은 운동은 몸을 건강하게 유지하도록 도와주면서 재미도 있습니다. 단지 그런 운동은 혼자서 할 수 없으므로 꼭 친구가 필요하겠지요…….

Step 18

재정 관리의 기본자세

후원을 받아 생활하는 사람에게 무엇보다 중요한 것은, 적은 재물이라도
하나님의 뜻에 맞게 사용한다는 생활태도입니다.

대부분의 단기선교사는 후원 모금으로 선교비를 마련합니다. 후원을 받아 생활하는 사람에게 무엇보다 중요한 것은, 적은 재물이라도 하나님의 뜻에 맞게 사용한다는 생활태도입니다. 물론 소속 선교단체에서 선교비의 사용처를 잘 관리하겠지만, 다른 누구보다도 단기선교사 자신이 하나님 앞에서 한 푼의 돈까지 잘 사용하는 태도가 필요합니다.

   재정을 잘 관리하고 사용하기 위해서는 기록을 남기는 것이 가장 좋습니다. 매일 저녁에 자신의 재정 사용을 기록하고 월이나 주 단위로 평가하는 습관은 모든 선교사에게 필수입니다. 많은 선교단체에서 정기적으로 재정 사용 보고를 제출하도록 제도화하고 있습니다. 재정 출입을 정확하게 기록해 두면 사역을 전체적으로 정리하고 평가할 때 유용할 뿐 아니라 다음 해의 예산을 세울 때에도 기초자료가 됩니다. 그뿐 아니라 재정을 관리하는 습관은 그 자체로 아주 좋은 습관이니 이 기회에 몸에 익혀둔다면 미래를 위한 효과적인 준비가 될 것입니다.

선교지의 경제적 상황은 대개 본국보다 열악하기 때문에, 우리가 돈을 쓸 때 이것이 현지인들의 눈에 어떻게 비칠지를 생각해야 합니다. 금전 사용은 성숙한 믿음의 시금석이므로 현지인들에게 철저히 모범이 되어야 합니다. 예를 들어 거주지를 구할 때도 안전을 고려하되 너무 호화롭지 않아야 하고 가구나 가전제품 등을 구입할 때는 자신이 있을 기간을 고려하여 구입하되, 체류 기간이 길

단순히 현금의 수입 지출 내용만을 기록하는 것도 쉬운 일은 아니지만, 자신의 재정을 좀 더 효율적으로 관리하기 위해서는 몇 가지 항목으로 나누어 기록하는 것이 좋은 방법이다. 요즘은 엑셀 등 계산을 간단하게 해주는 많은 컴퓨터 프로그램이 있으므로 그것을 사용하면 쉽고도 유용한 재정 관리가 가능하다. 나의 경험상 적절한 항목의 구분은 다음과 같다.

선교지 재정 기록 항목

수입 항목	지출 항목	
정착비 본부에서 송금 현지에서 발생한 수입 기타 송금 (수입은 여러 화폐로 발생하므로, 화폐 종류별로 기록할 필요가 있다)	생활비 (평소에 늘 발생하는 경비)	식비 주거비 교통 통신비 잡비
	사역비	헌금 활동비 출장비
	고정성 경비 (일시에 경비가 큰 비용이 지출되거나, 또는 본국이라면 발생하지 않을 경비)	집세 언어 교육비 자녀 교육비 휴가비 비자 유지비 의료비

지 않으면 구입하지 않고 지낼 수 있는지 생각해야 합니다.

    현지인과 함께 쇼핑을 가는 것은 조심스러운 일입니다. 가능하면 함께 가지 않는 것이 좋고, 함께 가더라도 선교사는 구입하지 않고 윈도쇼핑만 하는 것이 바람직합니다. 우리는 별 부담 없이 사는 물건도 현지인에게는 상당한 고가품일지 모르니까요.

> 모든 것이 가하나 모든 것이 유익한 것이 아니요 모든 것이 가하나 모든 것이 덕을 세우는 것이 아니니(고전 10:23).

    사역비 지출은 사역의 상황에 따라 차이가 있으며, 단기선교사가 속한 팀의 사용처가 어느 정도 정해져 있을 것이므로 팀의 사역비 지출 규칙을 따르면 됩니다. 무엇보다 돈을 통해 사람에 대한 영향력을 확대하려는 유혹을 조심해야 합니다. 그래서 나의 사역비로 사람을 경제적으로 돕는 경우에는 헌금함을 통하거나, '오른손이 하는 것을 왼손이 모르게……' 합니다.

    생일이나 기념되는 날에 선물을 주거나, 현지 사역자에게 부정기적인 헌금을 하는 것도 주의합니다. 그것은 좋은 일이지만 이후에 지속할 수 없다면 오히려 더 힘들어질 수 있습니다. 현지 선교팀에 그런 지침이 있으면 좋습니다.

Step 19
주님의 성육신을 본받으라

선교사의 포기와 문화충격이 아무리 크다고 해도 주님이 겪으신 성육신과 문화충격에 감히 비할 수는 없습니다. 그렇기 때문에 주님의 성육신은 유일하고도 완전한 선교사 생활의 모범입니다.

선교지 생활에 적응하기 위해 따를 만한 불변의 모범이 있다면 그것은 주님의 성육신(成肉身)입니다. 주님은 하나님이시지만, 하늘의 영광과 지위를 포기하고 자발적으로 인간이 되셨습니다. 그분은 이 땅에서 유아 시절을 몸소 겪었고, 인간의 방법에 따라 교육을 받았으며, 땀을 흘리며 목수의 일을 감당했습니다. 사람들이 먹는 것을 함께 먹고, 인간의 언어를 사용하여 배우고, 또 가르치고, 사람들과 살을 맞대고 생활했습니다. 선교사의 포기와 문화충격이 아무리 크다고 해도 주님이 겪으신 성육신과 문화충격에 감히 비할 수는 없습니다. 그렇기 때문에 주님의 성육신은 유일하고도 완전한 선교사 생활의 모범입니다.

너희 안에 이 마음을 품으라 곧 그리스도 예수의 마음이니 그는 근본 하나님의 본체시나 하나님과 동등됨을 취할 것으로 여기지 아니하시고 오히려 자기를 비어 종의 형체를 가져 사람들과 같이 되었고 사람의 모양으로 나타나셨으매 자기를 낮추시고 죽기까지 복종하셨으니 곧 십자가에 죽으심이라(빌 2:5-8).

선교지에서 성육신은 다음 세 가지의 의미입니다.

① 자기 포기

선교지의 생활이 어려울 수도, 궁핍할 수도 있습니다. 하고 싶은 것을 마음대로 하지 못하고 먹고 싶은 것을 먹지 못하니 스트레스가 쌓일 수도 있지요. 그러나 선교사가 되어 선교지에 왔다는 것은 그러한 어려움을 감수하고 자기의 욕망을 포기하기로 결정을 내렸다는 것을 의미합니다.

선교지에서 포기할 것이 무엇이 있을까? 현지인들과 함께 장막에서 자고, 사냥을 하며, 창을 들고 다녀야 할까? 단기선교사가 이런 곳에 갈 가능성은 거의 없다. 대부분 도시로 갈 것이다. 요즘 선교지의 도시들은 웬만한 것은 다 구할 수 있는 데다가 물가는 더 싸다. 본국에서 누리지 못했던 것을 누리기도 한다. 예를 들어 나는 한국에서 집에 에어컨을 가져본 적이 없는데, 선교지의 집에는 방마다 에어컨이 있다. 이곳의 기후 때문이지만, 어쨌든 한국에서 누려보지 못한 것이다. 반면에 이곳에서 사역하는 동안 한 번도 내 차를 가져본 적이 없다. 버스와 지하철이 주 교통수단이다. 때로는 답답하고 힘들지만 그것도 익숙해지면 불편한 것을 잊게 된다. 어떤 선교사는 "선교지에서 한 번도 삼겹살을 먹어보지 못했다"고 한탄하듯 간증하는 것을 들었다. 어떤 때는 먹는 것을, 어떤 때는 취미

생활을 포기해야 할지도 모른다. 포기가 없다면 그것이 어찌 선교지의 생활이라 할 수 있을까?

선교사가 포기해야 하는 것은 여러 가지가 있지만 가장 중심에는 언제나 '사람'이 있습니다. 선교지에서 첫 번째 포기할 대상은 사람, 곧 관계입니다. 단기선교사로 오는 사람은 대부분 젊은이입니다. 그들이 선교지에서 포기할 첫 번째는 무엇일까요? 역시 사람입니다. 음식, 언어, 기후 등이 힘들다고 하지만, 선교 생활의 핵심은 본토 친척 아비를 떠났다는 것입니다. 결국 선교지에서 가장 힘든 일은 함께 있고 싶은 가족, 남자(여자)친구, 형제자매와 함께 있지 못하는 것입니다. 그것이 가장 큰 포기입니다. 그래서 주님도 이렇게 말씀하셨습니다.

> 무릇 내게 오는 자가 자기 부모와 처자와 형제와 자매와 및 자기 목숨까지 미워하지 아니하면 능히 나의 제자가 되지 못하고(눅 14:26).

독신선교사에게 선교지의 가장 큰 어려움은 외로움입니다. 가정을 가진 사람은 자녀 때문에 문제가 발생하기도 하지만 그 때문에 위로를 받기도 합니다. 혼자 사는 사람, 특히 감정의 기복이 큰 편이라면 선교지의 가장 큰 위협은 고독입니다. 함께하는 팀원이 있고 동역하는 현지인 친구들이 있지만, 집에만 돌아오면 기다렸다는 듯이 고독이 달려들어 괴롭힙니다. 그래서 힘들어하다가 우울

중에 걸리기도 합니다. 함께 수다도 떨고 위로하고 문제를 나누던 가족과 친구를 떠나 외로운 곳으로 오는 것, 사람을 포기하는 그것이 선교입니다.

둘째로 포기해야 할 것은 인터넷입니다. 인터넷 환경이 좋지 않아 안정적으로 인터넷을 이용할 수 없는 경우가 많기도 하지만, 그렇지 않더라도 선교지에서 인터넷에 많은 시간을 사용하는 것은 바람직하지 않습니다. 인터넷을 하느라 많은 시간을 보내는 사람은 사회성이 떨어지고, 언어의 발전도 늦어집니다. 특히 자기 홈페이지 관리나 채팅은 시간을 많이 빼앗을 뿐 아니라 보안문제도 빈번하게 발생시킵니다. 물론 나는 인터넷이 본국의 원활한 기도 지원을 받기 위해 선교사에게 주신 선물이라고 믿습니다. 그러나 인터넷에 의존하지 않고 사역에 집중하는 생활이 익숙해지지 않은 단기선교사에게, 한국에서와 동일한 인터넷 환경은 유혹이 될 수 있습니다. 그래서 우리 팀의 단기선교사에게는 고속통신망 설치를 금하고 있습니다. 선교는 자기 방에 앉아서 하는 것이 아니라, 나가서 현지인들 사이에서 하는 것입니다.

셋째로 필요한 것은 한국과 같은 생활수준을 포기하는 것입니다. 선교지에서는 자신이 경제적으로나 문화적으로 충분히 누릴 수 있는 삶의 수준을 포기하는 태도가 필요합니다. 주머니에 돈이 있는데도 쓰지 않는 것, 이 시간에 내가 원하는 일을 하고 싶지만 그것을 포기하고 그들을 위해서 시간을 배정하는 것, 그것이 선교입니다.

② 현지인의 언어와 그들의 방식을 사용

성육신의 삶은 나의 방법과 습관을 주장하지 않고 그들의 방식을 적극적으로 따르는 삶입니다. 문화의 핵심에는 언어가 있다고 합니다. 선교사가 세계적으로 통용되는 영어를 사용하지 않고 굳이 현지의 언어를 배우는 것은 그것이 그들의 문화에 대한 최대의 존중이기 때문입니다. 상대의 언어를 배워서 능숙하게 사용하는 것은 의사소통 이상의 의미가 있습니다. 내가 상대방과 진실하게 의사소통하기를 원한다는 마음의 표현이자 상대의 문화를 존중하고 그 가치를 인정한다는 표현이며, 그런 노력을 기울일 정도로 상대방을 사랑한다는 의미도 전달합니다. 선교사가 통역을 세워서 가르치는 것은 감정의 교류를 한 걸음 뒤로 물러나게 할 뿐 아니라, 현지인들의 공감을 얻어내지도 못합니다. 예를 들어 한국에 들어온 지 10년이 된 서양 선교사가 여전히 한국어로 설교를 못한다면, 그가 우리를 정말 사랑하고 존중한다고 믿을 수 있을까요?

한국은 단일민족 단일언어 국가지만, 세계에는 다민족, 다언어 국가가 매우 많다. 여러 개의 언어를 쓰는 선교지에 갈 가능성이 그만큼 많다는 뜻이다. 그럴 때 선교사는 전략적으로 쓰임새가 많은 하나의 언어를 완전히 익혀야 할 것이다. 하지만 언어를 결정하는 것은 사역의 대상이나 범위를 결정한다는 의미이므로 심사숙고해야 한다. 중앙아시아 CIS 국가들의 경우 가장 널리 쓰이는 언어는 러시아어지만 중앙아시아 민족들에게 러시아어는 과거 지배민족의 언어다. 의사소통에는 문제가 없지만 정서적으로는 선교사 역시 이

방인으로 느껴지는 것이다. 외국인인 선교사가 이방인의 언어인 러시아어가 아니라 그들의 민족어를 사용하며 다가올 때 그들이 마음 문을 열기는 훨씬 쉬워진다. 대신 그 지역에 살고 있는 러시아인이나 다른 민족은 사역 대상의 우선순위에서 밀릴 것이다.

여러 언어가 함께 사용되는 지역에서는 가장 널리 사용되는 언어를 배우되, 그 지방 사람들의 고유 방언이 있다면 조금 배워두는 것이 좋은 방법이다. 내가 있는 곳은 표준어 이외에 완전히 다른 방언이 있다. 비록 표준어도 잘 못하지만 틈틈이 방언을 배워서, 설교 앞머리에 3분 동안 방언으로 말하는 것을 목표로 삼았다. 생각해 보라. 부산에서 사역하는 서양 선교사가 한국어로 설교를 하면서 처음 3분의 예화를 경상도 사투리로 말한다면 어떨까? 재미도 있겠지만 듣고 있는 부산 사람들은 얼마나 가슴 뭉클할까?

③ 그들을 향한 비전

성육신의 자세란 그 사람들을 향해 진정한 비전을 갖는 것을 포함합니다. 그들이 미숙하거나 심지어 단점이 보이더라도 포기하지 않고 인내하며, 그들의 발전을 기뻐하고 기꺼이 동역하고 맡기며, 그들에게 배우려는 태도를 말합니다.

현지인과 교제를 하다보면 아무리 이야기해도 변하는 것 같지 않고 그들의 사고방식이 답답하고 이해가 되지 않아 포기하고 싶은 생각이 들 때가 있습니다. 그러나 우리를 참으시고 기다려주시는 주님의 성육신을 생각해 본다면, 더디더라도 조금씩 발전하는 그들의 모습을 보며 진실한 비전을 품을 수 있을 것입니다. 눈앞에 보이는 현실 때문에 낙심하지 말고 그 땅의 그 사람들을 통해 이뤄질 하나님의 비전을 함께 소망하는 것, 그것이 우리에게 원하시는 성육신입니다.

선교는, 나의 눈에는 수준이 낮아 보이는 그들의 의견을 최대한 존중하고 "한번 해보자"고 말하는 것입니다. 그들과 함께 시행착오를 향해 기꺼이 나아가는 것입니다.

Step 20
단기선교사와 적응기간

장기선교사는 선교지에 파송된 후 일정 기간 동안 사역에 관여하지 않고
언어 학습과 생활 적응에만 집중하는 '적응기간'을 갖는 것이 일반적입니다.

장기선교사는 선교지에 파송된 후 일정 기간 동안 사역에 관여하지 않고 언어 학습과 생활 적응에만 집중하는 '적응기간'을 갖는 것이 일반적입니다. 많은 선교단체에서 장기선교사에게 요구하는 적응기간은 보통 2년입니다. 장거리 달리기를 해야 하는 그들에게, 언어를 능숙하게 익히고 온 가족이 생활하기에 불편함이 없도록 기반을 닦아둘 적응기간을 주는 것은 이론적으로도 타당하고 그 효과도 실증되어 있습니다.

그렇다면 단기선교사에게도 '적응기간'이 필요할까요? 대부분의 파송선교단체는 단기선교사도 장기선교사와 동일하거나 약간 변형된 교육과 훈련을 받게 합니다. 그래서 단기선교사에게도 장기선교사처럼 적응을 위한 특별한 시간(6개월 정도)이 필요하다고 가르치기도 합니다. 그러나 단기선교사에게는 그런 시간이 굳이 필요하지 않은 듯합니다. 그 이유는 다음과 같습니다.

첫째, 그런 여유 있는 시간을 보내는 동안 누가 그를 도와야 할까요? 단기선교사가 장기선교사의 짐이 된다면 단기선교사 제도는

오래 지속되지 못할 것입니다.

둘째, 수십 년을 선교지에서 살 장기선교사에게 2년은 그리 긴 시간이 아닐지 몰라도, 2년을 지낼 단기선교사에게 6개월은 매우 긴 시간입니다. 적응기간을 마치고 사역에 발동을 걸고 나면 그땐 이미 시간이 많이 남지 않은 것을 발견할 테지요.

셋째, 단기선교사는 장기선교사로 구성된 팀에서 일부 역할을 감당하게 됩니다. 단기선교사를 받아들이는 대부분의 선교팀에서는 단기선교사가 제한된 언어로 사역에 동참할 수 있도록 프로그램을 마련해 놓고 있습니다. 곧바로 사역에 동참할 수 있다는 의미입니다.

넷째, 오히려 단기선교사는 막 도착해서 파송예배의 비장한 감동이 아직 남아 있을 때 사역에 동참하는 것이 좋습니다. 선교지를 향한 뜨거운 열정과 '순교불사'의 각오가 살아 있을 때…….

다섯째, 단기선교사가 사역에 깊이 동참하여 좋은 경험을 할수록 장기선교사로 헌신할 가능성이 많아집니다. 여유 있게 선교지에서 다른 이의 사역을 관망하라고요? 다른 부담이 없이 선교에 대한 기대로 부푼 단기선교사에게 그처럼 힘든 것은 다시없습니다.

물론 오늘 도착한 단기선교사를 당장 내일부터 사역에 투입한다는 의미는 아닙니다. 사역을 준비하는 적응기간이 매우 짧아도 된다는 뜻입니다.

그렇게 되면 선교사가 빨리 소진되지 않을까요? 어느 장기선교사가 너무 빨리 사역에 투입되는 바람에 고갈(burn-out)되었다고 할 때, 그가 사역에 투입된 지 1, 2년 만에 다 소모되었다는 뜻일까요? 아닙니다. 최소 5년 혹은 10년이 지나서 고갈되었다는 의미입니다. 단기선교사의 일반적 임기인 2년은 고갈될 위험 없이 충분히 사역할 수 있는 기간입니다. 2년 동안 사역에 전념하여 많은 소모가 있었다면 사역이 끝나고 본국에 돌아가서 얼마든지 회복할 수 있습니다. 그리고 사역을 마친 단기선교사는 스스로 고갈되었다고 느끼는지와 관계없이, 반드시 사역을 정리하고 회복되는 시간을 가져야 합니다. 이 부분에 대해서는 뒤에서 다시 다룰 것입니다.

4
선교지에서(2)
청년단기선교사의 사역

사역을 시작하다
사역의 종류와 동참
언어와 사역의 관계
사역의 대부분이 인간관계다
보안이라는 문제
정기적으로 소식 전하기

Step 21
사역을 시작하다

속해 있는 선교팀이 어떤 사역을 하는 팀이냐에 따라서
단기선교사의 사역은 당연히 달라집니다.

단기선교사의 선교 사역만을 따로 다루는 것은 거의 불가능합니다. 대부분의 단기선교사는 장기선교사가 하고 있는 기존의 선교 전략과 철학 안에서 사역하기 때문이지요. 사실 선교지의 생활이라는 측면에서는 단기선교사와 장기선교사가 크게 다르지 않습니다. 하지만 사역의 주도적인 역할이라는 면에서 보면 단기선교사와 장기선교사는 뚜렷한 차이가 납니다. 선교 대상의 선정이나 전략의 선택과 같은 근본적인 결정은 대개 사역을 책임지는 선교지의 팀장(장기선교사)이 담당할 것입니다. 그러므로 여기서는 단기선교사가 이미 정해진 사역의 틀 안에서 어떻게 협력하여 좋은 열매를 맺을지에 중점하고자 합니다.

속해 있는 선교팀이 어떤 사역을 하는 팀이냐에 따라서 단기선교사의 사역은 당연히 달라집니다. 그리고 사역의 종류에 따라서 필요한 은사나 필요한 태도도 달라집니다. 따라서 단기선교사는 기도하면서 이 팀이 내게 무엇을 요구하는가를 잘 헤아려야 합니다.

정해진 전략과 목표를 가지고 사역하는 선교팀에서 함께 사역하기 위해, 단기선교사에게 요구되는 첫 번째 마음가짐은 '충성'입니다. 선교지 사역은 무(無)에서 유(有)를 만드는 힘든 사역이고 이는 본국에서도 힘든 일인데 언어와 문화를 뛰어넘어서 이루어야 한다면 더욱 힘들 수밖에 없습니다. 그런 힘든 과정을 묵묵히 해나가는 충성스러운 모습은 단기선교사에게 필요한 가장 귀중한 마음가짐일 것입니다. 둘째는 역시 그 분야의 은사와 전문지식 또는 경험입니다. 탁월함은 언어의 어눌함과 문화적 이질성을 넘어설 수 있는 강력한 무기입니다. 선교팀 내에서 어떤 역할을 맡았다면, 그 분야에 대해서는 팀장보다 뛰어난 탁월함이 있어야 도움이 되지 않겠습니까? 셋째는 도전정신입니다. 도전정신은 특히 개척하는 분야에서 일할 때 너무 필요한 마음입니다. 모르는 사람들과 쉽게 사귀고, 창의적인 노력을 기울여 앞으로 나아가려는 의지가 있다면 그는 아마 도전할 줄 아는 사람일 것입니다. 단기선교사가 사역에 동참하기 위해서는 이러한 마음가짐이 필요합니다.

장기선교사로서야, 이 모든 것을 골고루 갖춘 단기선교사가 팀에 합류하면 말할 나위 없이 좋겠지만 모든 것이 그렇게 되지는 않습니다. 어떤 단기선교사는 붙임성이 좋지만 덜렁거리며, 어떤 단기선교사는 찬양의 재능이 뛰어나지만 언어가 잘 늘지 않습니다. 장기선교사는 함께하는 단기선교사의 은사와 장단점을 잘 파악해야 합니다. 물론 그의 성장을 위해서 부족한 점을 개발하는 기회로 활용할 수도 있지만, 그보다는 그의 은사와 장점을 발휘할 수 있는 분야를 맡기는 것이 더 지혜로운 일입니다. 사람을 사귀는 것을 좋아하는 단기선교사에게 행정의 일을 맡기거나, 음악을 좋아하는 사람에게 개척을 맡기는 것은 그것을 위임 받은 단기선교사에게도 무척 힘든 일일 뿐 아니라, 은사를 부여하신 하나님을 무시하는 것입니다. 은사를 활용할 때 가장 신나게 일할 수 있다는 것을 잊지 말아야 합니다.

우리와 함께 일하던 H형제는 음악을 좋아하고, 매우 꾸준한 성격을 지녔다. 그는 아무도 알아주지 않아도 자신이 해야 하는 일이면 한 달이고 일 년이고 마다하지 않고 늘 한 마음으로 그것을 성취하는 형제였다. 그래서 우리는 그를 "한 꾸준"이라고 불렀다. 하지만 그는 내성적인 성격으로 새로 사람을 사귀는 데 좀 어려움을 느꼈다. 그는 스스로를 "한 소심"이라고 소개했다(그러나 선교지에 있는 동안 이 부분도 많이 좋아졌다). 당시 선교지의 필요는 새로운 캠퍼스에서 교회를 개척하는 것이었기 때문에 새로 친구를 사귀는 것이 중요했다. 하지만 그의 성격상 그것이 적합하지 않았다. 그래서 사람을 사귀는 것은 팀장이 직접 하고, 대신 그는 모임의 장소를 준비하고 찬양을 맡기로 했다.

그런데 교회가 모양을 갖추어 가면서 학교 안에서 아침 QT모임이 필요해졌다. 그때 H형제가 기꺼이 그 일에 자원하였다. 그 형제는 선교지를 떠나기 전까지 반년을 하루도 빠짐없이 한두 명과 함께 QT모임을 섬겼다. 그 결과 그 캠퍼스에는 매우 귀중한 QT모임의 전통이 생겼다. 그뿐 아니라 그와 반년 동안 함께 QT를 했던 현지인 형제는 지금 전임사역자로 헌신하여 대학에서 복음을 전하고 있다. 그의 '한 꾸준'이 빛을 발한 것이다.

당시 우리 교회는 찬양집이 없어서 몇 장을 복사해서 쓰고 있었는데 H형제가 찬양집을 편집하고 싶다고 자원했다. 한 달 가까운 산고를 거쳐 60곡짜리 훌륭한 찬양집 v.1이 생겼다. 그런데 이곳 젊은이들의 찬양 습득 속도가 너무 빨라서 v.1 안에 있는 60곡이 반년이 안 되어 부족하게 되었다. H형제는 자기가 귀국하기 전에 v.2를 만들고 싶다고 제안했고, 천여 곡을 검토하고 편집하는 노력을 기울이며 또다시 2개월 동안 두문불출한 끝에 150곡짜리 v.2가 생겼다. 2년은 넉넉히 버틸 수 있는 훌륭한 찬양집이었다.

우리가 그의 소심함에 초점을 맞추었다면, 그가 이루어낸 사역의 열매를 얻지 못했을 것이다. 하나님은 그에게 학교를 누비면서 친구를 사귀라고 보내신 것은 아닌 것 같다. 우리가 주님을 존중한다면 그런 은사를 주어 이 땅에 보내신 뜻도 존중해야 할 것이다.

Step 22
사역의 종류와 동참

단기선교사는 팀의 전체 사역을 주도하는 것이 아니기 때문에 그 팀 안에서 어떤 역할을 부여받느냐에 따라 필요한 은사와 해야 할 일이 달라질 것입니다.

선교지에서 이루어지는 다양한 사역을 다음과 같이 크게 세 가지로 나눌 수 있습니다.

① 직접 교회 개척 사역
② 기존 교회를 돕는 사역(지도자 사역 또는 신학교 사역 등)
③ 특수 사역(사람이나 교회를 대상으로 하지 않고, 번역, 활동 등의 프로그램 사역)

어느 범주에 속하느냐에 따라 사역의 특성이나 접근방법이 무척 다릅니다. 그래서 단기선교사의 역할도, 그가 어떤 팀에 속해 있느냐에 따라서 크게 달라집니다. 어떤 사역을 하는 팀에 소속되는지를 미리 안다고 해도, 특히 단기선교사는 팀의 전체 사역을 주도하는 것이 아니기 때문에 그 팀 안에서 어떤 역할을 부여받느냐에 따라 필요한 은사와 해야 할 일이 달라질 것입니다. 그러므로 앞에서 살펴본 '공통자질'을 잘 갖추어 놓는다면 은사와 장점에 따라 어떤 역할이 맡겨지든지 넉넉하게 감당할 수 있을 것입니다.

소속된 팀이 교회 개척을 하는 팀이라면 단기선교사의 역할도 당연히 교회 개척과 관련된 일일 것입니다. 하지만 이 경우에도 개

장기선교사를 위한 Tips 07 >> 단기선교사의 사역 참여

단기선교사가 처음 1년을 지내는 동안에는 생활과 적응에 관심이 많다. 하지만 대개 2년차가 되면 사역에 더 많은 관심을 갖게 된다. 이때는 단기선교사의 정체성도 결국 사역에서 얻게 된다. 하지만 장기선교사들은 '단기선교사가 뭘 할 수 있겠어? 그냥 주어진 기간 잘 지내고 가면 되는 거지'라고 생각하고, 그들에게 제한적인 사역만을 맡긴다. 물론 언어나 경험이 부족한 단기선교사에게 핵심적인 분야를 맡기는 것은 어려울 수 있으나, 단기선교사가 맡을 수 있는 역할은 생각보다 상당히 넓다.

당연히 그들의 건강과 언어 수준, 적극성과 은사 등을 고려해서 적절한 사역을 맡겨야 하지만, 그들이 충분히 할 수 있는 정도보다 좀 과한 임무를 부여하는 것이 부족한 것보다 낫나. 그것은 일반 직장에서도 마찬가지다. 부하에게 많은 일을 맡기는 것은 그에 대한 신뢰의 표시이기도 하기 때문이다. 만일 함께 일하는 단기선교사를 정말 배려한다면 사역에 많이 동참시키고, 많이 데리고 다니라.

사역의 특성상 가능하다면, 독립된 단위의 사역을 맡기는 것도 좋다. 예를 들면 하나의 가정교회를 개척하게 한다든지, 여름 찬양 캠프를 준비하게 하는 것이다. 소규모 독립 사역을 맡기면 위험성은 적으면서 단기선교사에게는 큰 경험이 될 수 있다. 만일 그가 기대 이상으로 큰 성공을 한다면, 그 열매는 어차피 선교지에 두고 갈 것이 아닌가?

더욱이 단기선교사의 기간은 사역이자 훈련의 기간이다. 비록 좋은 열매를 거두지 못하더라도 귀중한 경험을 할 수 있도록 배려가 필요하다. 팀장은 사역의 지휘관인 동시에 선생님이 되어야 한다.

단기선교사와 장기선교사의 갈등이 있는 경우, 대개 2년차에 갈등이 생긴다. 왜 그럴까? 단기선교사 1년차에는 선교지의 상황에 대해 잘 모르고 도움이 절실하기 때문에 장기선교사의 권위를 인정하고 의존하지만, 2년차가 되어 어느 정도 독립된 생활이 가능해지고 사역에 대해서도 어느 정도 파악이 되면 팀장 선교사에게 의존할 필요가 없어지기 때문이다. 이때는 일방적 의존과 학습이 아니라, 동역과 협력의 자세가 필요하다. 이것은 팀장(장기선교사)도 마찬가지다. "우리 팀장은 나를 과소평가하는 것 같애!"라고 느끼게 하면 안 된다. 이미 준비되어 있는 단기선교사의 능력과 열정을 팀장이 과소평가하고 일을 맡기지 않으면 단기선교사와 장기선교사 사이에 갈등이 생기기 시작한다. 장기선교사의 우려와 달리, 일을 맡김으로써 부족한 능력과 열정이 개발되기도 한다. 이처럼 단기선교사에게 충분한 임무를 부여하는 것은 여러 가지 장점이 있다.

척하고자 하는 교회의 모습이 한국에서처럼 건물을 갖춘 지역교회인지, 아니면 여러 개의 작은 셀 교회(가정교회)인지에 따라 선교사의 역할이 또 달라집니다. 큰 교회를 개척한다면 단기선교사는 교회의 여러 기능 중 일부를 감당하게 될 것입니다. 예를 들어서 찬양 사역이나 아동 사역 등 한 부분을 담당할 수 있습니다. 반면 셀 교회(가정교회)를 개척하는 팀은 높은 수준의 한 기능을 담당하기보다는 하나의 교회를 개척하든지 기존의 교회를 관리하게 될 가능성이 많습니다. 하여간 담당할 사역에 따라서 단기선교사의 역할도 매우 달라지므로 사전에 팀과 충분히 의논하여 준비하여야 합니다.

소속된 팀이 기존의 교회(교단이나 단체)를 돕는 사역이나 특수 사역을 하는 팀이라면 단기선교사의 은사와 재능이 매우 중요합니다. 이 경우는 당연히 팀에 속하기 전에 그 팀에서 자신에게 부여한 사명이 무엇인지 분명히 알고 가야 합니다. 의사소통이 잘못되어서 문제가 생기는 경우가 적지 않기 때문입니다. 그리고 선교지로 떠나기 전에 익혀야 할 기술이나 필요한 은사에 대해서도 분명히 알고 가야 합니다. 우물을 개발하는 팀에서 우물에 대해서 모르거나, MK를 돌봐야 할 사람이 어린이를 싫어하거나, 음악을 담당해야 할 사람이 악기를 전혀 다루지 못한다면 총 없이 전쟁터에 나가는 것과 무엇이 다를까요?

단기선교사가 팀 사역에 동참하는 방법에 대해서는 매우 많은 다양성이 있으므로, 원칙만 다음과 같이 정리하겠습니다. 첫째, 소속할 팀과 충분히 상의하여 잘 알고 가라. 둘째, 필요한 것을 준비하고 가라. 셋째, 역할이 주어지면 적극적인 태도로 감당하라는 원칙입니다.

소규모 독립 사역이나 일반적인 사역을 감당한다면(셀 교회 개척, 전도 등) 특별한 은사와 재능보다는 헌신과 언어가 더 중요합니다. 반면 큰 사역의 특수한 한 분야를 담당하게 되면 헌신과 언어보다는 은사와 재능이 중요합니다. 예를 들어서 찬양의 반주를 한다든지, MK나 한국인을 대상으로 하는 사역일 경우 언어는 크게 문제가 되지 않겠지요. 사실 설교나 성경공부를 하는 것이 아니라면, 언어가 좀 미흡해도 사역에 기여할 수 있는 여지는 상당히 많습니다. 따라서 단기선교사와 함께 일하게 되는 장기선교사(팀장)는 언어가 부족해도 사역에 동참할 수 있는 충분한 프로그램을 개발해 놓는 것이 좋습니다.

장기선교사를 위한 Tips 08 〉〉 어떤 사역을 맡겨야 할까?

선교팀장은 선교 사역을 디자인할 때, 단기선교사의 몫을 함께 고려하면 좋다. 그러면 단기선교사가 자신의 역할을 미리 알고 준비할 수 있으며, 선교팀장도 단기선교사에게 즉흥적으로 사역을 맡기지 않게 된다. 단기선교사가 담당할 수 있는 사역은 무엇일까? 단기선교사의 희망과 한계를 이해하면 쉽게 찾을 수 있다. 대체로 단기선교사는 열정적으로 사역에 동참하기 원하지만, 언어와 경험 부족이라는 한계를 가지고 있다. 그렇다면 '적은 경험과 낮은 수준의 언어로, 의미 있는 열매를 낼 수 있는 사역'이 그들에게 적합한 사역이라는 의미다.

그런 사역이 무엇일까? 첫째, 장기선교사나 단기선교사 모두 비슷한 결과를 낼 수 있는 사역, 즉 노방전도, 모임의 준비 혹은 한국 여행팀의 인도 등이다. 둘째, 젊은 연령 때문에 단기선교사에게 더 적합한 사역도 있다. 예를 들면 청년 사역, MK 사역과 같은 것이다. 셋째, 은사에 따라서 맡길 수 있는 사역, 즉 찬양 사역이나 사진, 영상 사역, 외국어 가르치기 같은 것이다. 넷째는 그가 언어적으로 잘 준비되어 있다면 소그룹 성경공부나 작은 모임의 설교를 적극적으로 맡기는 것이 좋다. 그런 일을 통해 사역의 깊은 맛을 경험한 단기선교사는 장기선교사로 헌신할 가능성이 더 많다.

무엇보다 단기선교의 짧은 기간을 알차게 보내는 지름길은 사역에 깊이 동참하는 것입니다. 더욱이 단기선교가 장기선교사로 헌신할 것인가를 결정하는 중요한 길목이라면, 더욱 객관적으로 선교 사역을 이해하고 사역의 감격을 경험하는 것이 매우 중요합니다. 선교사의 생활과 적응과정만 가지고 장기선교를 결심하지는 않기 때문입니다.

Step 23
언어와 사역의 관계

단기선교사는 사역기간의 한계 때문에 일반적으로 언어를 능통하게 할 정도의 시간을 확보하기 어렵습니다.

장기선교사의 경우라면 이 항목은 쓸 필요가 없습니다. 장기선교사에게 언어는 생명이나 마찬가지기 때문이지요. 두말할 것도 없이 언어에 최우선순위를 둬야 합니다. 하지만 단기선교사는 사역기간의 한계 때문에 일반적으로 언어를 능통하게 할 정도의 시간을 확보하기 어렵습니다.

게다가 사역을 위한 언어는 생활을 위한 언어보다 수준이 높다고 할 수 있습니다. 정확히 말하면 두 언어가 좀 다릅니다. 사역 언어에서 쓰는 단어나 표현법은 아무래도 전문적일 수밖에 없습니다. 한국에서도 설교나 성경공부를 인도할 때 쓰는 단어, 그리고 기도할 때 쓰는 단어는 일상 언어와 상당한 차이가 있습니다. 많은 신자들이 공중기도를 두려워하는 것이 바로 그 때문이지요. 한국어뿐 아니라 다른 언어에서도 일상 언어와 전문 언어, 일반 언어와 기독교 언어는 차이가 있습니다. 사역을 위한 언어를 배우려면 성경을 꾸준히 읽고 암송을 하고 성경공부 교재를 하나 독파하는 등 개인적인 노력과 함께, 선임선교사나 현지의 형제자매들에게 도움을 청하고 현지어로 진행되는 교회 모임에 참석하여 사역 언어가 실제 활용되는 예를 꾸준히 접촉하는 것이 필요합니다.

장기선교사를 위한 Tips 09 〉〉 성취감을 맛보게 하라

팀장인 장기선교사는 단기선교사에게 언어를 배우는 시간을 어느 정도 주어야 할까? 언어에 따라, 개인에 따라 다르겠지만 1년 안에는 설교나 성경공부를 할 수 있도록 도전해 보는 것이 좋다. 생각해 보라. 2년 동안 선교지에 있었던 두 명의 단기선교사 중, 부족한 언어로나마 성경공부와 설교를 하면서 영혼이 변화되는 것을 목격한 사람과 기능적인 사역만 담당하다가 귀국한 사람, 누가 더 보람 있는 2년을 보냈다고 느끼겠는가? 어느 사역이 더 높고 낮다는 것이 아니라, 그들이 사역의 핵심인 영혼의 변화를 직접 목격할 수 있도록 배려한다면 2년간의 단기선교는 분명 그들 인생에 의미 있는 한 획을 그을 것이다.

Step 24
사역의 대부분이 인간관계다

"선교는 관계다"라고 말하면 지나친 단정일까요?
사실 선교사역의 거의 전부가 관계 속에서 이루어집니다.

"선교는 관계다"라고 말하면 지나친 단정일까요? 사실 선교사역의 거의 전부가 관계 속에서 이루어집니다. 물론 기초는 하나님과의 관계이고 이 기초 위에서 많은 사람들과 어떻게 관계를 맺어나가는가가 바로 선교입니다.

> 우리가 보고 들은 바를 너희에게도 전함은 너희로 우리와 사귐이 있게 하려 함이니 우리의 사귐은 아버지와 그 아들 예수 그리스도와 함께 함이라(요일 1:3).

선교지는 천국이 아닙니다. 선교지에서 발생하는 대부분의 어려움은 인간관계에서 발생하고, 보람 있는 일도 인간관계에서 옵니다. 드물게 기계를 다루거나, 물건을 상대로 하는 사역도 있기는 하지만 선교지의 사역 대부분은 결국 사람들 사이에서 이루어집니다.

선교지에서는 다양한 인간관계가 발생하고, 그 속에서 다양한 문제가 생깁니다. 선교지의 인간관계는 유형에 따라 다음과 같이 분류할 수 있습니다.

① 팀원 간의 관계

그리스도 안에서 팀 내의 사람들은 평등하고 서로 돕는 관계지만, 현실적으로는 어느 정도 지도와 순종이 필요한 관계입니다. 하지만 한국인들은 '둘만 모여도 위아래가 있는' 문화에 익숙하기 때문에 팀장은 팀 내의 분위기가 너무 수직적이지 않은지 잘 관찰하여 적절히 대처해야 합니다.

동료 간에는 기본적으로 서로를 존중하고 예절을 지키는 것이 필요합니다. 선임이나 손윗사람은 나이나 경험이 많다는 것으로 권위를 내세우지 말고, 지적하기보다는 직접 모범을 보이는 것으로 가르쳐야 합니다. 신임이나 나이가 어린 사람은 선임의 경험과 나이를 존중하고 예의를 지키는 것이 필요합니다. 자신의 배경지역을 떠나 선교지에서 함께 살아가는 선교사들이니 서로 용납하고 사랑하며 도와야 할 것입니다.

팀장은 팀의 목표를 점검하기에 앞서 팀원의 생활이나 인간관계를 늘 주의 깊게 살펴보아야 합니다. 생활에 어려움이 없는지, 재정적으로는 어렵지 않은지, 인간관계에 문제가 없는지, 사역이 힘들지는 않은지 등을 묻거나 관찰해야 합니다. 정기적으로 상담을 하면 가장 좋습니다.

같이 사는 팀원들이 있다면 각별히 주의를 기울여야 합니다. 한 집에서 두 사람 이상이 함께 살 때는 100% 문제가 있다고 보면 됩니다. 서로 사랑해서 함께 사는 부부도 온갖 문제가 생기는데, 같은 사역을 위해 한 집에 살게 된 사람들에게 문제가 생기는 것은 당연한 일입니다. 사소한 습관의 차이나 인식의 차이 등 여러 가지 갈등이 생길 때, 문제가 생기는 것에 초점을 맞추지 말고 그 문제가 감정 다툼으로까지 번지지 않도록 해결책을 찾는 데 초점을 맞추어야 합니다.

② **현지인과의 관계**

현지인과의 관계는 오히려 한국인 간의 관계보다 일반적으로 단순합니다. 물론 장기선교사라면 현지인과의 관계가 전도대상자로 시작해서 동역자로까지 발전하기 때문에 각각의 단계에 따라 다르게 접근할 수 있을 것입니다. 하지만 단기선교사에게는 현지인 형제자매를 동역자로 키우는 역할이 맡겨지지 않거나, 현지인과의 관계가 그렇게까지 발전하기 전에 임기가 끝나기 때문에 다소 단편적인 관계를 맺게 됩니다.

　선교사와 현지인의 관계는 언제나 '성육신'의 원칙에서 이루어져야 합니다. 이것은 내가 그들과 같이 되겠다는 마음입니다. 예수님께서 우리를 천국으로 부르시기에 앞서, 하늘 보좌를 버리시고 낮은 인간이 되셨다는 것을 늘 기억하고, 현지인을 가르치려는 태도보다는 그들의 의견을 경청하고 존중하는 태도를 가져야 합니다. 현지인 지도자의 생각과 나의 생각이 부딪칠 때에는, 치명적인 결과를 가져오는 문제가 아니라면 그들의 의견을 존중하는 것이 좋습니다. 그런 경우 실제로 현지인 지도자의 판단이 더 적합할 때가 많고, 그렇지 않더라도 현지인 지도자가 시행착오를 통해서 많은 것을 배울 수 있기 때문입니다.

단기선교사가 현지인과 얼마나 친해질 수 있을까요? 물론 가까워질수록 좋겠지만, 조심해야 할 것도 많습니다. 가장 흔하게는 무의식 중에 경제적, 문화적인 우월성을 강조하여 상처를 주는 일이 일어납니다.

> 단기선교사인 G자매는 활달하고 언어 감각이 뛰어나 대학생 모임을 세우는 데 큰 역할을 감당했다. 하지만 넉넉한 환경에서 자란 그는 물건을 구입하는 데 주저함이 없었다. 그는 현지 학생들은 한 번도 가보지 못한 백화점에 그들과 함께 가서(한국에서보다는 많이 자제하는 것이지만) 물건을 구입하였다. 그 일로 학생들이 상처를 받지는 않았지만 그에게 부러움을 느낀 것은 사실이었다. 더욱이 G자매는 축하를 표현하는 아름다운 마음이 있어서 때때로 사람들에게 선물을 하는 자상함도 보였다.
>
> 몇 개월이 지난 후에 현지인 일꾼을 통해 이런 말을 들었다. G자매와 가깝게 지내는 한 현지인 자매가 과거보다 생활비를 많이 쓰게 되어서, 집에 추가로 생활비를 보내달라고 요구했다는 것이다. 결국 G자매의 소비 습관이 현지인 학생들에게 자기 수준보다 많이 소비하는, 나쁜 습관을 가르친 것이었다. 이 일로 우리 팀에서는 현지인과의 관계에서 주의할 사항으로 다음 항목을 추가했다. "내구재(가구, 가전제품, 옷 등)는 본국에서 가져왔으면 쓰되, 가능한 한 새로 구입하지 않는다." "현지인과는 함께 쇼핑을 가지 않거나, 가더라도

물건을 구입하지 않는다." 성육신은 생각보다 쉽지 않다. 예수님은 이 땅에서 얼마나 힘드셨을까?

모임이나 인간관계에서 한국인의 특성을 자주 강조하는 것이 선교에 오히려 방해가 될 수 있습니다. 물론 처음에 전도하기 위해서는 우리가 외국인이라는 사실을 이용할 수 있지만 어디까지나 초기에 가능한 일입니다. 우리가 세우려는 교회는 '토착교회' 라는 것을 잊지 말아야 합니다. 공동체가 세워지고 나면 되도록 빨리 그들에게 주도권을 넘겨주는 것이 좋습니다. 그리고 그들이 할 수 있는 일을 절대로 빼앗아서는 안 됩니다. 선교사는 물론 앞장서서 섬겨야 하겠지만, 주도권을 쥐지는 말라는 것입니다. 우리는 우리의 문화를 소개하러 온 것이 아니고, 초문화적인 복음을 전하러 온 사람이기 때문입니다.

B지역의 셀 교회(가정교회)에서는 예배 후에 함께 식사시간이 있다. 가정에서 모이기 때문에 그 집의 부엌을 사용하여 그날 식사 담당자가 음식을 제공하는 것이다. 신기하게도 어느 모임에나 음식에 재능이 있는 사람이 있었다. 마치 그런 사람을 주님이 보내주시는 것 같았다. 그런데 어느 날 A단기선교사가 오늘은 내가 음식을 제공하겠다고 자청을 해서, 한국음식으로 진수성찬을 차려주었다. 물론 의도는 좋았지만, 좀 더 생각했어야 했다. 예를 들면 현지인 형제자매들이 준비를 하면 대개 일인당 한국 돈 200원정도면 준비가 가능하다. 하지만 A자매가 준비한 식사는 일인당 1,500원이 넘게

들었다. 물론 A선교사에게 가끔 한 끼로 그 정도의 지출은 문제가 되지 않겠지만, 그 한 번의 섬김이 음식을 담당하는 현지인에게는 주눅 들게 하는 것이 아닌지 생각했어야 한다. 우리는 문화의 창달자로 온 사람이 아니고 초문화적인 복음을 전하는 사람으로 선교지에 왔다는 것을 잊지 말아야 한다.

현지인들과의 관계에서 의견 충돌이 있으면 이때에도 철저히 '성육신'의 원칙에서 접근해야 합니다. 특히 동역자와 의견을 나누는 과정에서 의견이 다른 것을 발견했을 때, 토론을 통해 어느 한 편의 일방적인 승리로 끝나는 것은 지혜롭지 못합니다. 이럴 때는 토의를 중단하고 "더 생각해 보자"라고 마무리하고 기도하는 것이 좋습니다. 혹시 주님께서 그들을 더욱 존중하라고 우리에게 경고하시는 것인지도 모릅니다.

현지의 사정에 익숙하지 않은 단기선교사는 현지인들과 대화할 때 민감한 화제가 무엇인지를 알아야 합니다. 그런 화제로는 이야기해 봐야 이득 될 것이 없습니다. 대화 가운데 자연스럽게 그런 화제가 올랐으면 그냥 그들의 대화를 듣고 있는 것이 지혜롭습니다.

선교지마다 대화에 올리지 말아야 할 민감한 주제가 있다. 중국의 경우에는 공산주의와 자본주의 비교, 정치(천안문 사태나 인권 문제 등), 그리고 중요한 또 하나가 축구다. 축구에 대한 중국인들의 관심은 한국보다 훨씬 높다. 대화 중에 한국인이 있을 경우 대화의 주제 자체가 중국과 한국의 축구로 옮겨올 수 있는데, 그때 조심해야 한다. 중국은 이제까지 대표팀끼리의 경기에서 한 번도 한국을 이긴 적이 없다. 스스로도 공한증(恐韓症)이라고 말할 정도니까. 이때, "한국이 철저히 운이 좋았을 뿐이다. 실력에는 차이가 없다고 본다"는 말을 넌지시 건네보라. 그러면 그들은 그때부터 중국 대표팀의 문제점을 지적하며 서로 토론하기 시작한다. 그러고는 "우리 중국 대표팀은 이래서 못 이긴 거야"라고 스스로 결론까지 짓는다. 만일 한국인 선교사가 먼저 중국 대표팀의 문제점을 지적했다면, 그들의 자존심을 건드려서 "한국팀은 나을 게 뭐가 있어?" 하는 식의 논쟁이 되었을 것이다. 우리는 그곳에서 손님이라는 것을 기억해야 한다. 남의 집에 가서 가구 배치가 이상하다느니, 입구 통로가 안 좋다느니 평가하는 것은 어리석지 않은가?

이런 일은 발생하지 않았으면 하지만, 우리가 선교지에 있는 동안 외교관계가 악화되는 경우를 당할 수 있습니다. 물론 심각한 문제로 발전하여 단교(斷交)나 전쟁까지 간다면 그것은 인간관계에서 다룰 문제가 아니라 비상상황 대처에서 다룰 문제입니다. 하지만 현지 언론의 보도나 특정 사건으로 관계가 악화되었을 경우에는 각별히 조심해야 하며, 더욱 겸손해야 합니다. 관계의 악화에는 서로의 실수와 감정싸움이 있는 법이므로 진심으로 사과할 줄 아는 자세가 필요하지만, 무엇보다도 그런 일이 없기를 기도해야 할 것입니다.

단기선교사가 현지인과 함께 사는 것은 대부분의 선교이론이 부정적으로 평가합니다. 현지인과 함께 살면 언어와 문화를 배우는

데 유리할 것 같지만 실제로 함께 사는 사람들의 이야기를 들어보면 꼭 그런 것도 아니라고 합니다. 매우 이상적인 경우 자연스럽게 많이 배울 수 있는 환경이 조성되지만, 일반적으로는 현지인과 함께 살아도 실제로 집에서 하는 대화는 생각보다 많지도 다양하지도 않습니다. 그보다는 잦은 갈등에 어려움을 겪을 가능성이 훨씬 더 큽니다. 문화의 차이는 뿌리가 매우 깊고, 상대를 완전히 이해하기에는 우리의 사랑이 부족합니다. 그리고 누구나 '집은 안식처'라는 생각을 가지고 있기 때문에 집에서까지 봉사하기란 쉬운 일이 아닙니다.

W단기선교사는 대도시인 B시에서 5살 어린 현지인 자매와 함께 살았다. 물론 각방을 썼지만 그럼에도 적잖은 갈등이 있었다. W단기선교사는 원래부터 절약이 몸에 배어 있었던 데다 선교비 모금도 넉넉지 않았기 때문에 모든 생활이 검소했다. 그것은 선교지에서 당연히 좋은 모습이었지만, 놀랍게도 현지인 자매는 함께 지내는 것을 힘들어했다. 어느 날 현지인 자매가 팀장 선교사에게 상담을 요청하면서 "우리가 거지도 아니고, '이것은 사면 안 된다, 절약해라'라고 하는 것이 너무 힘들다"고 어려움을 털어놓았다. 팀장 선교사는 적잖이 놀랐다. '너무 검소해서 현지인을 어렵게 만들 수도 있구나!' 하지만 이후에 곰곰이 생각해 보니 그것은 검소한 생활태도의 문제라기보다는 W선교사가 사감 선생님처럼 이래라저래라 하는 것이 못마땅했기 때문일 수 있었다. 부부도 함께 살면서 마찰이 있고 같은 민족이 함께 살아도 문제가 있는데 자라온 문화가 다

른 현지인과 함께 산다는 것은 당연히 온갖 문제 속으로 들어가는 것임을 명심하라. 게다가 당신은 '선교사'가 아닌가! 사소한 습관 차이로 갈등의 골이 깊어지면 어떻게 그를 사랑하고 그에게 복음을 전할 수 있겠는가!

③ 다른 한국인과의 관계

요즘은 세계 어느 곳이나 한국인이 없는 곳이 없습니다. 그래서 선교지에 가보면 선교사를 제외하고도 다른 한국인을 많이 만날 수 있습니다. 더욱이 단기선교사가 언어를 배우기 위해 학교의 언어 과정에 등록한다면 그 안에서 한국인을 만날 수 있습니다. 이렇게 만난 그들과 어떤 관계를 맺을 것인가도 곤란한 문제가 됩니다.

이 문제의 해결은 우선 선교지가 창의적 접근 지역인가 공개된 지역인가에 따라서 차이가 있습니다. 즉 자신의 신분을 밝힐 수 있는가 아닌가의 차이를 말합니다. 선교사라는 자신의 신분을 밝힐 수 없다면 다른 한국인과의 관계는 어려워지게 마련입니다. 선교사 신분을 밝히지 않은 채로 그와 어느 정도까지 가까워질 수 있을까요? 그리고, 성육신의 자세로 살아가는 선교사에 비해 직업상 외국에 나와 사는 주재원의 생활수준은 엄청나게 높습니다. 그들과 함께 다니다 보면 경제적으로 '뱁새가 황새 쫓아가는' 격이 되곤 합니다. 마음도 어려워질 뿐 아니라 사역에도 도움이 되지 않습니다. 서로 관심사가 다르니 그들과 나누는 대화도 썩 유익하다고 볼 수 없습니다. 자제하는 편이 옳습니다.

J시에 단기선교를 하러 온 K자매는 언어학교에서 현지어를 배우면서 같은 반의 한국인 젊은 부인들과 자연스럽게 친해졌다. 신분을 밝힐 수는 없었지만, 처음 현지에 적응하는 동안 교제의 폭을 넓히려는 생각에서 그들과 함께 어울린 것이다. 그런데 그들은 대부분 남편이 대기업의 주재원으로 나와 있는 가정이라서 돈의 쓰임새가 상당히 컸다. 점심을 먹을 때면 대학식당 식사의 열 배가 넘는 돈을 쉽게 사용했다. 그들과 함께 다닌다는 것은 그런 생활에 들어간다는 의미였다. 한두 번은 사주기도 했지만 매번 그럴 수는 없었다. 급기야는 어느 한 분이 서글서글한 성격의 K자매가 마음에 들었는지, "일주일에 몇 번 집에 와서 아이들과 놀면서 한국어를 가르쳐주면 섭섭지 않은 사례를 하겠다"고 말했는데, 솔깃한 제안이었다. 그러나 기도하는 동안 자기가 잘못된 방향으로 너무 많이 들어왔다는 것을 발견하였다. 하지만 한 번 맺은 관계를 어떻게 갑자기 끊을 수 있는가? 한 학기를 고민한 끝에 K자매는 결국 학교를 옮겼다.

　　신분을 밝힐 수 있다면 조금 달라지지만 역시 문제는 있습니다. '선교사'라고 하면 한국의 목사님과 같은 대접을 받는다든지 그렇지 않더라도 상대방에게 부담을 줄 수 있음을 기억해야 합니다. 어떤 식으로든 사람을 사귀면 그만큼 시간을 함께 보내게 마련입니다. 선교지에서의 시간을 선용하는 것은 선교사의 당연한 의무입니다.
　　한국인이 아닌 제3국인과의 관계는 어떨까요? 사역에 본격적으로 들어가면 그들과 함께 다닐 만큼 시간이 여유롭지 않겠지만, 언어를 배우는 초기에는 다양한 나라에서 온 반 친구들과 어울릴 수 있습니다. 생전 처음 만나는 미국사람, 유럽사람, 아프리카사람과 사귈 기회는 그리 흔치 않으니까요. 하지만 그들과 친해져서 함께 보내는 시간이 많아지면 비슷한 문제가 발생합니다. 이런 문제에 닥칠 때, 내가 이곳에 왜 왔는가를 기억하면 사람들과의 관계에서 어떻게 해야 하는가에 대한 해답이 보일 것입니다.

④ 남녀의 사귐

단기선교사가 선교지에서 연애를 시작하는 것은 엄격히 금해야 합니다. 원래 젊은 남녀가 서로에게 마음이 끌리고 교제를 시작하는 것은 자연스러운 일입니다. 그럼에도 불구하고 남녀간의 감정은 가장 강력한 감정이기 때문에, 그 앞에서 다른 모든 일(심지어 소명조차도……)의 우선순위가 밀리는 것을 자주 보게 됩니다.

선교지에서의 연애를 더욱 경계하는 이유는 우선 남녀관계의 본질적 배타성 때문입니다. 사귀는 남녀친구 두 사람 사이에는 다른 누가 끼어들 수 없는 배타성이 있기 때문에 팀 내의 다른 관계에 많은 영향을 미칩니다. 두 사람이 가까워진 만큼 상대적으로 멀어지

● **Tips**

우리 팀의 연애에 대한 약속(규칙)은 다음과 같다.
- 이성교제 중인 커플은 함께 한 팀으로 받지 않는다.
- 팀 사역기간에는 팀원, 한국인, 현지인을 불문하고 새로 연애를 시작할 수 없다.
- 단, 결혼 적령기의 팀원이 결혼을 전제로 교제를 시작할 경우, 팀장의 관리 하에 허용할 수 있다.

는 사람이 생긴다는 의미입니다. 본국에서라면 공동체 안에서 교제하는 것을 이렇게까지 엄격하게 하지 않아도 될지 모릅니다. 하지만 선교지는 전쟁터이기 때문에 가장 강력한 감정조차도 억제할 필요가 있습니다.

선교사의 연애는 팀 안에서뿐 아니라 현지인들에게도 좋지 않은 영향을 미치기 쉽습니다. 사역에 집중하지 못하고 연애감정의 기복에 흔들리는 모습은 현지인들로 하여금 선교사를 신뢰하지 못하게 합니다. 더욱이 두 사람의 관계가 깨어졌을 경우에는 더 큰 문제가 발생할 수 있으므로 처음부터 시작하지 않는 것이 좋습니다.

그러므로 이성교제 중인 두 사람을 동시에 한 선교팀에 받지 않는 것이 좋습니다. 그리고 단기선교사로 선교지에 와 있는 동안은 연애를 시작하지 않기로 결단해야 합니다. 공동체 안에서 좋은 동역자를 만날 수는 있지만 사역기간인 만큼 연애로 발전시키지 않도록 합니다. 물론 예외는 있습니다. 결혼 적령기의 형제자매가 결혼을 전제로 사귀기 시작한다면 이는 축복 받을 일입니다. 상대적으로 만남의 기회가 적은 선교지에서 팀 내외의 형제자매에게 호감을 가지고 결혼의 가능성을 타진하는 것은 당연히 허용되어야 합니다. 하지만 이때도 팀장과 당사자들이 지혜롭게 처신하여, 그 만남의 여파와 후유증을 최소화하고 사역과 팀 공동체에 누를 끼치지 않도록 합니다.

⑤ 한국에서의 방문

요즘은 해외여행이 일반화되어서 본국에서 손님이 오는 경우가 적지 않습니다. 물론 선교팀이나 공식적인 방문자가 올 경우에는 팀 사역의 측면에서 다루어야 하지만, 단기선교사의 개인 손님이 오는 것은 장단점을 잘 가려서 맞아들일 것인지를 결정해야 합니다.

우선 단기선교 기간 중 이성친구가 찾아오는 것은 득보다 실이 훨씬 더 많습니다. 보고 싶고 궁금한 마음이야 십분 이해하지만, 선교지에서 이성친구 접대는 아주 힘들고 현지인들에게도 좋지 않은 영향을 미치며 무엇보다 단기선교사의 마음을 뒤흔들어놓습니다.

T시의 단기선교사 B형제는 적극적이고 붙임성이 좋아서 많은 역할을 감당하는 좋은 형제였다. 그런데 어느 날 여자친구가 온다는 통보를 받았다. 팀장은 얼떨결에 허락했지만, 그처럼 많은 문제가 발생할 줄은 미처 몰랐다. 우선 그 손님을 어디에 머물게 해야 할지 곤란했고, B형제와 지내는 시간을 그냥 두기도 애매해서 일정을 일일이 점검하는 해프닝이 벌어졌다. 한 명이지만 한 팀이 오는 것보다 더 복잡하고 뒷말도 많았다. 더욱 안타까웠던 것은 자매가 돌아간 후에도 한동안 B형제의 표정이 밝지 않았다는 것이다. 그 자매가 그곳을 방문한 동안 집안에 큰 일이 생겨서도 그럴 테지만 여러 모로 마음이 뒤숭숭했던 듯하다. 어쨌거나 그 자매의 방문은 하나의 장점과 열의 단점이 있었던 사건이었다. 그 일을 경험한 후 T시의 팀장은 '다시는 이성친구의 방문을 허용하지 않겠다'는 결심을 하게 되었다.

가족이나 친구, 친지의 방문은 어떨까요? 금지할 필요까지는 없지만, 마찬가지로 득실을 잘 따져봐야 합니다. "그것이 단기선교사의 생활과 사역에 방해가 되지 않는가?"라는 질문을 던져봐야 합니다. 왜냐하면 개인방문은 사역이 아니기 때문이지요.

일반적으로 다음과 같은 경우가 아니면 허용할 수 있다고 봅니다. 첫째, 입국 후 첫 학기를 아직 마치지 않은 경우입니다. 단기선교사가 아직 충분히 적응했다고 보기 어렵기 때문에 허용하지 않는 것이 좋습니다. 둘째로 학교 수업에 큰 지장을 주는 경우, 즉 학기 중 방문으로 수업에 많이 빠지게 될 경우에는 곤란하겠지요. 셋째, 방문자를 혼자서 영접할 수 없는 경우입니다. 개인의 방문자 때문에 주변의 여러 사람에게 양해와 협조를 구해야 한다면 사역에 상당한 피해를 주는 것입니다. 단기선교사가 혼자서도 방문자를 영접하고 돌볼 수 있을 정도로 언어와 지리를 익힌 후에는 받아들여도 좋다고 봅니다. 넷째, 사역에 지장을 초래한다고 판단될 경우, 예를 들어 그 기간에 중요한 행사가 있을 경우라면 방문자를 사양하는 것이 옳습니다. 선교사는 주님의 사명을 감당하여 복음을 전하려고 그 땅에 온 것이지, 여행사 직원으로 파견된 것이 아니기 때문입니다.

장기선교사를 위한 Tips 10 〉〉 단기선교사에게 영향력 있는 리더십은?

선교지에서 선교팀장과 팀에 소속된 단기선교사와의 관계는 마치 무엇과 같다고 할 수 있을까? 한국에서 그와 같은 비슷한 관계를 찾기는 쉽지 않다. 이들의 관계는 다음과 같은 독특성이 있기 때문이다. 첫째, 이들 관계에는 동질성과 이질성이 함께 존재한다. 선교사라는 근본적 동질성이 있지만, 얼마 있으면 떠날 것이라는 임기 상의 이질성이 있다. 선교 사역에서 이 차이는 생각보다 매우 크다. 둘째, 장기건 단기건 선교사는 대부분 자기가 생활비와 사역비를 모금해서 온다는 독특성이 있다. 팀장은 단기선교사에게 사역적 지시와 요구를 하지만 근본적으로 그의 생활을 책임지지는 않는다. 이건 정말 이상한 관계이다. 셋째, 그렇기 때문에 팀장 선교사와 팀 내 단기선교사와의 사역적 관계를 맺어주는 것은 오직 소명, 하나님의 부르심뿐이다. 단기선교사가 팀장의 지시에 순종하는 유일한 이유는 하나님의 부르심 때문인 것이다. 따라서 팀장은 항상 깨어서 하나님 앞에서 자신을 돌아보고 합당한 리더십 스타일로 단기선교사를 돕고 지도해야 한다.

그렇다면 단기선교사의 동역하는 팀장 선교사에게는 어떤 리더십 스타일이 필요할까? 직장의 상사와 부하 관계 같은 리더십 스타일은 어떨까? 그리스도인에게는 적합하지 않다. 직장은 직원의 생활을 책임져주는 대가로 직원에게 강제적인 충성을 요구하기 때문이다. 선생님과 학생 관계의 리더십은 어떨까? 처음에는 가능하지만 시간이 지나면 동역자 관계로 발전하므로 적합하다고 볼 수 없다. 그렇다면 교회의 담임목사와 부사역자(부목사, 전도사)에 해당하는 리더십은 어떨까? 실제로 선교지의 많은 팀장 선교사가 이런 모델을 가지고 팀 사역을 한다. 하지만 선교지의 팀은 이것과도 많이 다르다. 왜냐하면 본국 교회의 담임목사는 부사역자의 생활을 어느 정도 돌보아주고, 미래의 길에도 상당한 영향을 줄 수 있다. 하지만 선교지의 팀장은 생활도 미래도 보장해 줄 수 없다. 단지 선교지에 있는 동안 함께 일할 뿐이다. 선교지의 팀장이 단기선교사에게 미치는 영향력(강제력)은 생각보다 크지 않다는 것을 기억해야 한다.

선교지에 가장 적합한 리더십 스타일은 '코칭(coaching)'이다. 각 선교사의 수준과 은사에 맞도록 생활을 돌봐주고 사역을 배치해 주는 리더십이다. 예를 들어 선교지에 갓 도착한 선교사에게는 보호와 적응을 도와주고, 차차 도전하여 자발적으로 훈련하도록 하며, 후에는 사역에 깊이 뛰어들어 성취감을 맛보도록 돕는 것이다. 사실상 주님이 제자들에게 보여주셨던 '종 된 리더십(servant leadership)'이 바로 이것이다.

Step 25
보안이라는 문제

완전히 드러내놓고 자유롭게 선교할 수 있는 곳이 있는가 하면, 선교활동을 할 수 없어서 창의적 접근이 필요한 지역도 여전히 많이 있습니다.

완전히 드러내놓고 자유롭게 선교할 수 있는 곳이 있는가 하면, 선교활동을 할 수 없어서 창의적 접근이 필요한 지역도 여전히 많이 있습니다. 창의적 접근 지역에서는 보안의식이 필요합니다. 보안은 하나의 문제만으로도 사역을 통째로 무너뜨릴 수 있는 치명적인 영역입니다. 선교지에 갓 도착한 단기선교사는 보안 유지에 관한 충분한 훈련이 되지 않아서 문제가 생길 수 있으므로, 선교팀에서 지키는 보안 관련 사항을 입국 초기에 숙지하도록 합니다.

    창의적 접근 지역의 사역에서 보안이 필요한 이유는 다음과 같이 정리할 수 있습니다. 첫째는 그 나라 고유의 법적인 문제 때문입니다. 창의적 접근 지역에서 합법적으로 선교하는 것은 어차피 불가능하지만, 외국인으로서 그 나라 법을 충분히 숙지하여 합법적인 영역을 넓혀나가는 지혜가 필요합니다. 둘째는 불필요한 희생을 줄이기 위해서입니다. 한 사람이 예수를 믿고 훈련 받아 선교지에 와서 베테랑 선교사가 되기까지 족히 20년은 걸립니다. 그런데 그가 다시 선교할 수 없다면 얼마나 손실입니까? 셋째, 사역의 일관성을 위해서도 보안을 잘 지켜야 합니다. 비록 사역의 기반이 무너질 정도는 아니더라도, 일단 보안의 문제가 발생하면 사역이 크게 위축되거나 지켜왔던 사역지침을 대폭 수정할 수밖에 없습니다. 이 수정작업에 많은 시간과 힘이 낭비됩니다. 넷째는 사역의 열매를 보존하기 위해서입니다. 선교의 역사가 핍박과 희생으로 점철된다고도 하지만 사실상 많은 선교지에서 핍박은 믿음의 포기나 선교의 중단 등 치명적인 결과를 낳기도 했습니다. 선교의 열매를 잘 보존하기 원한다면 보안을 잘 지켜야 합니다.

보안의 문제는 단기선교에 국한되지 않습니다. 더욱이 아무리 창의적 접근 지역이라 하더라도 지역별, 시기별로 특성이 있으므로 일괄로 언급하기는 어렵습니다. 단기선교사를 받는 팀장은 처음 온 단기선교사에게 이 부분을 분명히 교육하여 실수하지 않도록 도와주어야 합니다. 보안의 문제는 아무리 사소한 실수라 할지라도 큰 대가를 치러야 할 수 있으니까요.

도착한 지 얼마 안 되는 단기선교사나 방문한 선교 여행팀이 '이 정도는 알고 있겠지……'라고 막연히 기대하는 것은 큰 오산이자 중대한 실수다. 그들은 선교지 상황을 잘 모르고 있거나 알더라도 익숙하지 않기 때문에 실수를 할 수 있는데 문제는 그 실수가 엄청난 결과를 가져올 수 있다는 것이다. 특히 처음 온 사람에게 주의시킬 것은 호칭이다. 선교지에서는 본국에서 사용하지 않던 생소한 호칭을 쓰기 때문에 익숙해질 때까지 시간이 걸린다. 한 선교여행팀의 자매는 공항에서 경비원에게 제지를 당하자, 당황한 나머지

밖에서 기다리고 있던 장기선교사를 바라보며 큰 소리로 "선교사님!"하고 절박하게 외쳤다. 장기선교사에게는 모골이 송연해지는 경험이다.

SM 05>> 보안메일 쓰는 법

보안을 요하는 곳에 있는 선교사들은 메일이나 기도편지를 쓰고 보낼 때 신중해야 합니다. 현지 소식을 너무 자세하게 써 보내면 본국의 후원자들이 잘 이해도 못할 뿐 아니라, 너무 큰 대가를 치를 수 있다는 위험이 있습니다. 그래서 보안 지역의 선교사들은 인편을 통해 기도편지를 보내는 것을 원칙으로 합니다. 그러나 급박하게 돌아가는 현지 상황을 본국 혹은 현지의 다른 선교사와 반드시 공유해야 하는 상황이라면, 보안메일을 연습하는 것이 필요하겠지요. 다음 예가 도움이 될 것입니다.

안녕하세요?
여기는 이제 우기로 접어들고 있습니다. 해 구경하기가 어렵고 매일 비가 오지요.
S시에서 만날 날이 멀지 않았네요. 멋진 여행이 되리라고 봅니다.
여행손님이 워낙 거물들이라서 좋은 여행이 되리라고는 기대가 되는데
한국이 휘청거리지 않을까 걱정 되네요.

J시와 O시에서 의논할 부분과 일정을 보냅니다.
저희 쪽에서만 검토한 안이니 물으실 것이나 변경하고 싶은 것은 말씀해 주세요.
바로 반영하겠습니다.
J시로 갈 때는 기차를 타지만 J시에서 O시로 올 때는 비행기를 타야 합니다.
그런데 이번 여행기간이 최대 성수기라서 비행기 표와 호텔 값이 폭등하는데
값싼 비행기 표를 구할 수 있기 바랍니다.

첨부 서류는 그냥 안 열리지요?
한국 본사 사장님의 첫째 딸 이름 세 글자를 입력해 보세요.
제가 이름을 잘못 알고 있으면 모두 못 열어보는 거구요.
답 주세요.

O시의 이 부장 올림

Step 26

정기적으로 소식 전하기

소식을 전하는 것은 사역의 중요한 한 부분으로, 사역지의 상황을 잘 정리하여 보고하는 과외의 일(extra job)이 아닙니다.

소식을 전하는 것은 사역의 중요한 한 부분으로, 사역지의 상황을 잘 정리하여 보고하는 과외의 일(extra job)이 아닙니다. 현대 선교는 '선교 자원이 없는 곳'과 '선교 자원이 있는 곳'을 연결하는 개념으로 변하고 있습니다. 그래서 선교지의 상황을 알려 본국의 성도들이 선교지를 알게 하는 것은 사역보고 이상의 중요한 사역입니다. 소식을 전함으로써 선교지 상황을 알리고 기도하게 하며 선교지의 필요를 채울 수 있는 사람과 도움을 모집하는 역할을 감당할 수 있습니다.

소식을 전하는 방법은 여러 가지가 있는데, 아직까지는 이메일이 가장 무난합니다. 나는 이메일을 선교사에게 주신 하나님의 선물이라고 믿습니다. 편지를 쓰는 방법은 무척 번거로울 뿐 아니라 시간과 금전의 부담이 크고 보안에도 많은 위험이 따릅니다. 이메일도 보안에는 취약하지만 약간의 안전장치를 하거나 이메일 주소를 자주 변경하면 상당한 보완이 됩니다. 그럼에도 불구하고 친필의 편지나 카드는 매우 정감 있는 소식이므로, 일 년에 한 번 정도

SM 06 〉〉 '누구나 읽고 싶어하는' 기도편지 작성 요령

기도편지는 말 그대로 기도를 요청하기 위해 쓰는 편지로, 정해진 형식은 없다.
기도편지를 쓰는 당사자의 필요에 따라 내용을 쓰고 편집을 할 수 있다.
그러나 편지를 받는 수신인에게 자신의 상황을 좀 더 효과적으로
알리고자 한다면 다음의 사항을 고려할 수 있다.

- □ 형식은 자유롭게!
- □ 솔직하고 진실하게 – 나의 상황과 필요를 알리는 것이 목적이다.
- □ 개인 간증과 사역이 진행되는 과정을 알린다.
- □ 사진을 넣는다.
- □ 후원할 수 있도록 계좌번호를 알린다.
- □ 각자의 개성에 맞게 편집한다.

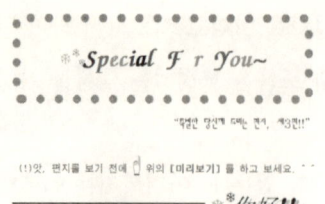

※ 你好!!※

예 핫- 이맘때나마 성탄을 축하하는 메시지를 만들어 봅니다.
저 널치는 사랑! 눙히 채워내는 모습이랑!! ^^
총선에 기도편지에 서랍게 잘 먹는 시선을 본 집식구들.
"한눅에서 저런 사진 보면 디성말 놀란 솟이낸다~" ...;;
워.. 맨날 지리는건 결코 아니에요-!! ^^);;

> 지금은 12월 16일 토요일, 눈은 8시 43분 입니다.
여기서 맞은 12월의 첫 느낌은 어떠냐는 당에 당했어요.
12월을 기다리는 또 하나의 11월은 기분이었까?
그러나 지금 남은 12월의 낮들이 기대로 채워져 있습니다.
왜인지.. 금 열어드릴게요. ^^

#Episode 1.

지난달 말 즘에 우리 학교에 중국대사님이 왔었어요. 중국새 우리나라 친교를 위해 방문한 거였니고 하더라구요. 이 곳 방송에도 나왔었는데... 그날 한복 유학생들은 모두 전여나리고 해서 지도 갔었지요. ^^ 우리학교 편지인 대학생들과 교수, 신문 방송 기자, 꽤 많은 사람들이 모인 자리였어요. 언성(?)이 끝나자 한국 유학생들은 다 앞으로 나와서 함께 기념 사진을 찍자고 해서 났는 나가선 맨 끝자리에 서서 사진을 찍었지요. 크크- 그러나 신한 자리를 바꾸는 사이, 친구와 대사님께 맏길 같이 같이 사진 찍자고 해서 들은 다시 날을 사진에 확인는데... 완전 우리만 가운데 사진 찍기, 아주 그냥 주주어었어요. 그치하하- 연섬하는 동안은 계속 좋았는데 한시에와 하시는 거에요. 금해.. _)::

※ 中國生活記!!

♥공부방에서 제 책상이에요
: 우리집 안에서 제가 제일 많은
시간을 보내는 곳입니다^^

♥추수절 때 친구들과 학께~
: 가운데 두 친구가 지금 가장 관계가 좋은 친구들이에요.
인독 첫 초를 입은 친구가 추수절에 집에 놀러간 친구이고 그 옆은 그 친구의 여동생이 어디였습니다. ^^ 가운데 오른편에 보라색 초를 입은 친구는
학생회속 학드스 너무 착하고 귀여운 아이에요. ^^

♥동기들과의 첫 모임
: 초- 동기들과의 자랑벙인
첫 모임을 가진 날이에요.
맛있는 저녁을 먹고 종호의
밤은 누볐지요. ^^

#Episode 3.

얼마 전 학교에서 신입생 탐영을 하는 행사가 있었어요. 학생들이 상기자랑을 하는 거였는데, 녹음 가서 봤지요. 그 때 멋있 너석들이 나와 노래를 부를 때면, 중국아이는 "오빠~" 을 멋지어 먹~ 옷은 했는데.. 수번째 있던 중국아이는 저희 옷 움소리에 놀러서서 인상을 먹구 찌후었다는.. : :

┌──────────────────────┐
│ • 계좌 - 신한 - 4191-12-141919 이혜영 │
│   우리 - 1002-032-525518 이혜영   │
│   │
│ • 관리자 김혜영 011-9475-6400   │
│   │
│   ※ *Special F r You~   │
└──────────────────────┘

크리스마스카드를 친필로 써서 보내는 방법을 권합니다.

요즘 새로운 추세인 개인 미니홈피나 블로그는 선교지의 소식을 생생하게 전할 수 있는 효과적인 도구입니다. 선교지에서 사진과 소식을 올리면 본국에서 그것을 본 사람들이 즉시 답글을 달아 생동감 있는 의사소통이 가능합니다. 하지만 이 역시 창의적 접근 지역에서는 권할 것이 못 됩니다. 보안에 대해 충분히 숙지하지 못한 사람들도 얼마든지 블로그에 접근하여 사진과 글을 볼 수 있고, 반가운 나머지 보안을 고려하지 않은 채 글을 올릴 수 있기 때문에 안전하지 못하지요. 특히 사진은 글보다 훨씬 솔직해서 보안에 취약할 수밖에 없습니다. 게다가 온라인(on-line)은 정보의 통제가 불가능합니다. 통제가 필요한 정보를 완전히 통제할 수 없다면 애초에 배포하지 않는 것이 창의적 접근 지역에서 살아가는 지혜입니다.

그렇다면 얼마나 자주 소식을 전해야 할까요? 이메일을 사용한다면 수십, 수백 명에게 동시에 보낼 수 있기 때문에 자주 소식을 전하는 것이 어렵지 않습니다. 마음만 먹으면 매일 보낼 수도 있습니다. 하지만 본국의 사람들은 정보의 홍수 속에서 살아가고 있습니다. 때때로 기억하여 기도할 정도의 간격이면 적당한데, 그 간격은 짧으면 일주일, 길더라도 1개월은 넘지 않는 것이 좋습니다.

P선교사는 선교 초기부터 이메일로 소식을 정기적으로 보내왔다. 단기선교사 때는 모든 것이 새로웠기 때문에 두 주에 한 번씩 보냈고, 이후 장기선교사가 된 후에도 3주에 한 번씩 보내고 있다. 보낼 때마다 150명 정도에게 보내는데, 매번 소식에는 "첫번째 ○○에

서 온 소식" "두번째……" "65번째……"와 같이 순서를 붙였다. P선교사가 귀국했을 때, 생각했던 것보다 주변의 사람들이 그의 소식을 소상히 알고 있었다. 이것이 꾸준히 선교소식을 보낸 결과다. 소식을 잘 알고 있다는 것은 그만큼 기도도 많이 해줬다는 뜻이 아닐까?

5
청년단기선교사의 귀환:
귀국과 그 이후

귀국 결정과 준비
선교지 사역의 정리
반가운 고향, 그러나 적응이 필요해
마지막 부담, 선교보고
단기선교는 아직 끝나지 않았다
새로 열린 길

Step 27
귀국 결정과 준비

장기선교사에게 귀국이란 은퇴 등 선교사역의 종료를 의미하지만 단기선교사는 원래 귀국이라는 전제를 가지고 선교지에 나갑니다.

장기선교사와 단기선교사가 가장 다른 점은 '귀국'이라는 단어의 차이입니다. 장기선교사에게 귀국이란 은퇴 등 선교사역의 종료를 의미하지만 단기선교사는 원래 귀국이라는 전제를 가지고 선교지에 나갑니다.

대부분의 단기선교사는 선교지에 도착할 때 이미 2년이든 3년이든 대강의 귀국 시기가 정해져 있습니다. 하지만 구체적인 귀국 일정은 선교지의 상황이나 본국의 필요에 맞추어 정하게 되지요. 귀국할 달(月)은 반년 전쯤, 구체적인 날짜는 두 달 전쯤 정하면 적당합니다. 그래야 선교팀에서도 단기선교사의 공백을 메울 준비를 할 수 있겠지요.

최종적인 귀국 일정은 항공권을 예약하면서 결정되지만, 귀국을 희망하는 일정을 어느 정도 정했다면 선교팀장과 의논을 하는 것이 좋습니다. 선교팀의 일정과 맞추어 서로 섭섭하지 않게 헤어지기 위해서입니다.

Step 28
선교지 사역의 정리

길지 않은 선교지 생활이지만, 떠나는 것은 역시 어렵습니다. 사역의 깔끔한 마무리, 인간관계의 정리, 살던 집의 정리 등은 떠난 선교사에 대한 좋은 기억을 남겨줍니다.

귀국일자를 두 달쯤 남겨두었다면 이제 구체적으로 귀국 준비를 해야 합니다. 출국 준비를 거꾸로 한다고 생각하면 됩니다. 먼저 귀국 두 달 전쯤 묵상과 기도를 하면서 귀국 때까지 해야 할 일을 적어봅니다. 다음 페이지의 표를 참고하십시오.

길지 않은 선교지 생활이지만, 떠나는 것은 역시 어렵습니다. 단기선교사는 현지 선교팀과 교회 사람들의 기억에 영원히 남기 때문에 떠난 후의 모습에도 주의를 기울여야 합니다. 사역의 깔끔한 마무리, 인간관계의 정리, 살던 집의 정리 등은 떠난 선교사에 대한 좋은 기억을 남겨줍니다.

선교지 삶을 정리할 때 어찌 보면 가장 어렵고도 주의해야 하는 것이 현지인과의 관계 정리입니다. 사랑의 수고와 눈물의 기도가 서려 있는 정든 현지 형제자매들과 헤어지기란 참 어렵습니다. 하지만 그렇다고 관계를 확실히 마무리하지 못하면 현지 선교팀에게 어려움을 안겨주게 되고, 그보다도 그 현지인의 성장에 장애물이 될 수 있습니다.

귀국 두 달 전에 점검해야 할 일들 (예)

목표 점검	선교지에 처음 올 때 세운 목표 달성 점검
사역 이양	하고 있던 사역에 대한 이양 절차
사역 보고	보고용 영상 및 PPT 자료 준비 본국에 출국 알림 및 마지막 기도편지 작성
현지인 관계	양육하던 현지인들과 감정 정리
일정 점검	항공편 예약(혹은 항공권 구입) 선교팀과 한국에 비행 일정 통보
짐 정리	가지고 갈 것과 버릴 것, 다른 사람에게 줄 것을 정리 짐 정리 목록 작성 및 짐 싸기
선물 구입	본국의 선물 구입 목록 작성 및 예산 책정 선교지 사람에 대한 선물 구입 계획 및 예산 책정
재정 점검	가지고 갈 재정과 헌금할 것을 결정 현지 은행 통장 계좌 해지
인사하기	편지로 이별할 사람과 직접 만날 사람을 결정 송별회 일정 점검
기타	언어학교 마무리 각종 계약 관계 마무리(집 계약, 각종 공과금 처리) 보안저촉문건 폐기

현지인 형제자매와 각별한 관계였다면 헤어지기 힘들겠지만 그럴수록 과감하게 정리하고, 그 관계를 본국으로까지 연장하지 않는 것이 좋습니다. 물론 본국에 가서 계속 연락하고 격려할 수는 있겠지만, 이제 그를 돌보는 것은 현지 선교팀의 몫이라는 것을 잊지 말아야 합니다. 한국에서 영향을 계속 미치는 것은 그의 영혼에 공

백의 시간을 더 길어지게 만들 뿐입니다.

C시에서 2년간 단기선교를 하고 귀국한 Z형제는 선교지에서도 매우 성실하게 사역한 인상 좋은 선교사였다. 게다가 열심히 사역한 결과 좋은 일꾼을 세우고 떠날 수 있었다. 하지만 Z형제를 통해 예수님을 믿고 세워진 일꾼 S자매는 Z형제가 떠나고 나서 새로 배치된 선교사에게 오랜 시간 적응하지 못했다. 그래서 자주 Z형제와 연락하고, 어떤 때는 불평어린 하소연을 하기도 했다. 처음에는 입장이 곤란했던 Z형제도 여러 번 하소연을 듣다보니 좀 답답한 마음

● Tips

단기선교의 기간을 마치고 가져갈 수 있는 것은 무엇일까?
선교지에서 구입한 많은 물건일까? 아니면 애써 세워놓은 일꾼들과 친구들을 데리고 갈까? 맛있는 선교지 음식을 한 바구니 싸가지고 갈까? 어차피 선교지에 있었던 것은 모두 선교지에 두고 간다. 가지고 갈 수 있는 것은 오직 두 가지뿐이다.
　첫째는 선교지의 추억이다. 힘들었던 기억, 외로웠던 기억, 전도하고 사역하면서 고되고 보람되었던 기억, 감동과 눈물의 기억을 가지고 간다. 지금은 디지털 카메라 시대이기 때문에 사진에 이러한 추억을 생생하게 담아갈지도 모르겠다. 둘째는 배운 언어를 가지고 간다. 단기선교사가 이후에 장기선교사가 되든, 아니면 다른 분야로 진출하든 한번 배운 언어는 평생 귀중한 자원이 된다.
　이처럼 머릿속에 담아갈 두 가지를 제외하면 선교지에서 생긴 모든 것은 선교지에 고스란히 두고 간다. 심지어는 수고와 땀의 모든 결실까지도 다 두고 간다.
　이러한 사실은 단기선교사에게 귀중한 교훈을 준다. 선교사의 삶은 나그네 삶이다. 공수래공수거(空手來空手去), 빈손으로 왔다가 빈손으로 떠나는 삶이다. 그러므로 선교지 생활을 시작할 때부터 어차피 가지고 갈 수 없음을 기억하고 집착하지 말라. 이 교훈은 마음이 조급한 단기선교사에게 조금이나마 여유를 줄 것이다.
　이러한 현실은 남아 있는 선교팀에게도 교훈을 준다. 단기선교사가 물건이나 현지인과의 관계를 너무 아쉬워하고 집착한다 하더라도 좀 모른 척해 주라는 것이다. 어차피 못 가져갈 테니 말이다. 대신 선교지의 추억거리를 많이 만들어주라. 때로는 흘렸던 눈물이, 감격의 기쁨이 그에게 평생 간직될 좋은 선물이 된다.

이 들었다. 그래서 나름대로 조언도 하고, 신앙생활에 도움이 될 만한 여러 가지를 S자매에게 알려주었다. 그런데 수개월이 지나서 이 사정을 알게 된 선교팀장은 떠난 후에도 여전히 영향을 미치고 있는 Z형제에게 섭섭한 마음이 들었다. 결국 Z형제에게 국제전화를 걸어 S자매와의 관계를 이제 마무리해 달라고 요청할 수밖에 없었다. 이제 그 일은 선교지 사람들에게 맡겨달라고 했다. 그런 전화를 받은 Z형제의 마음도 편치만은 않았다.

Step 29
반가운 고향, 그러나 적응이 필요해

어떤 사람들은 귀국 후에 '역 문화충격'이라는 것을 겪습니다. 선교지에서 열심히 살다가 와보니 고국의 상황에 오히려 적응을 못하는 것입니다.

짐을 싸서 비행기를 타고 꿈에 그리던 고국으로 돌아왔습니다. 단기선교사의 임기를 무사히 마치고 돌아온 것입니다. 하지만 이것으로 모든 일이 끝난 것은 아닙니다. 아직 마무리할 것이 남아 있고, 경우에 따라서는 생각지 못했던 문제에 직면하기도 하기 때문이죠. 어떤 사람들은 귀국 후에 '역 문화충격'이라는 것을 겪습니다. 선교지에서 열심히 살다가 와보니 고국의 상황에 오히려 적응을 못하는 것입니다.

사실 귀국 후 재적응은 장기선교사들도 겪는 문제입니다. 장기선교사에게 귀국 재적응은 안식년의 시작이나 은퇴 후의 적응을 뜻합니다. 하지만 단기선교사의 재적응은 '원래 위치로의 복귀'를 뜻한다는 점에서 장기선교사와 다릅니다.

어떤 선교단체는 단기선교사가 돌아오면 디브리핑(debriefing)이라는 회합을 열어 단기선교사의 기간을 돌아보고 앞으로의 길을 모색합니다. 정말 중요한 모임이 아닐 수 없습니다. 하지만 단기선교사들이 귀국하는 일정이 각각 달라서 현실적으로 디브리핑이 곧

란한 경우도 있습니다. 디브리핑은 파송한 선교단체뿐 아니라, 파송교회에서도 이런 모임을 열어주는 것이 좋습니다. 먼저는 담임목사님과 선교부원이 함께 식사를 하거나 별도의 시간을 마련하여 그의 수고를 격려하고 앞길을 의논해 주고 가능하다면 교회의 회중 앞에서 그에게 선교보고의 기회를 주면 더욱 좋습니다.

귀국한 후, 가장 중요한 목표는 '원래의 생활로 복귀' 하는 것입니다. 학생이었으면 학생으로, 직장인이었으면 직장인으로 돌아가는 것입니다. 선교지의 생활이 워낙 독특하고 본국과 달라서 금방 원래의 위치로 돌아가는 것이 쉽지는 않지만 그래도 빠를수록 좋습니다. 물론 장기선교사로 지원하거나, 선교지의 경험을 살려서 다른 길을 모색하는 사람도 있을 것이지만 그렇지 않다면 원위치로 돌아가야 합니다.

특히 이전의 공동체에 다시 들어가 교제하는 것이 무척 중요합니다. 선교를 하고 돌아왔지만 우리는 여전히 자라야 하는데, 혼자서는 그럴 수 없다는 것을 인정할 수밖에 없지 않습니까? 계속 믿음이 성장하기 위해서는 반드시 공동체로 돌아가 교제해야 합니다. 더욱이 그 공동체는 단기선교사가 선교지에 있는 동안 기도와 물질로 함께한 고마운 사람들입니다. 공동체에 다시 속해야 하는 더 중요한 이유는, 그처럼 의식적으로 노력하지 않으면 우리의 고질적인 죄성인 '교만' 이 나올 수 있기 때문입니다. 절대 안 그럴 것 같지만 은근히 '나는 너희들과 다르다. 나는 어려운 선교지에서 2년이나 있었고 적잖은 열매도 맺고 돌아온 선교사다' 라는 자만심이 생길 수 있습니다. 귀국한 선교사는 의도하지 않았더라도 공동체 속에 잘 들어오지 못하고 거리감을 느끼는 모습이 주변 사람들에게는 그런 의미로 비춰질 수 있습니다. 공동체 속으로 들어가는 것이 쉽지는 않지만 단기선교 기간 동안 나를 사랑하고 지지해 준 사람들에게 오해를 안겨주지 않도록 더욱 노력해야겠지요. 그러므로 특별히 겸손을 위해 기도하고, 원래의 공동체로 돌아가서 교제하고 봉사하기 바랍니다.

SM 07〉〉 SMTC의 디브리핑

디브리핑(debriefing)이란 사역을 마치고 동역자들 및 선교회 간사들과 모여 사역을 평가하고, 심정을 토로하며 선교지에서의 시간을 마무리하는 작업을 말합니다. (현재 죠이선교회의 디브리핑은 단기선교사와 선교회 간사의 일대일 상담으로 이루어집니다.)

  이 시간을 통해서 선교현장의 경험을 통해 배운 것, 하나님께 받은 것, 동역자의 삶에서 발견하여 적용하기 원하는 것, 함께 사역한 사람들의 삶 속에서 하나님이 행하신 일, 앞으로의 비전 등에 대해서 이야기를 나누고 점검하며, 본국에서의 또 다른 시작 앞에서 선교지의 지난 시간을 정리하기도 합니다.

  또한 개인 기질 및 인성 검사(TJTA검사로 사역지에 나가기 전 훈련 단계에서 1회 실시합니다)를 다시 한 번 실시하여, 사역지로 나가기 전의 결과와 다녀온 후의 결과를 토대로 일대일 개인 상담을 하며, 단기선교사 개인 내면의 정리를 도와줍니다.

Step 30
마지막 부담, 선교보고

사역기간을 돌아보면서 간증문을 준비하는 것도 좋고,
영상이나 사진 자료를 정리해서 준비해 가는 것이 좋습니다.

선교지 사역을 마무리하면서 생각해야 할 중요한 일이 또 하나 있습니다. 바로 선교사 사역보고지요. 사역보고를 미리 염두에 둔다면 선교지를 떠나기 전에 준비하는 것이 좋습니다. 사역기간을 돌아보면서 간증문을 준비하는 것도 좋고, 영상이나 사진 자료를 정리해서 준비해 가는 것이 좋습니다. 한국은 이미 귀로 듣는 것만으로는 부족한 사회가 되어버렸기 때문입니다. 귀국해서 준비하겠다고 생각하면 늦습니다. 필요한 자료를 구하지 못할 수도 있고, 선교지에서 생각하는 것보다 귀국 후 생활이 그리 한가하지 않기 때문입니다.

선교보고가 그렇게 중요한 것일까요? 그렇습니다. 잘 준비된 선교보고는 청중에게 생생한 선교지의 감동을 전해 줌으로써 더욱 관심을 가지고 기도에 동참하도록 하기 때문입니다. 성령의 역사하심을 통해 보고를 듣고 새로운 선교의 부르심을 경험하는 사람이 나올 수도 있습니다. 그렇지 않더라도 준비하고 보고하는 것은 자신의 마음속에서 사역을 잘 마무리하는 과정이 됩니다.

> **선교보고, 이렇게 해보시라.**
>
> **① 사역 PPT 혹은 영상**
> 너무 자세한 보고는 지루할 수 있다. 청중들은 설명해도 잘 이해하지 못한다는 것을 기억하라. 현지의 문화를 보여주고, 그들과 어울리며 이루어낸 사역의 구체적인 열매(사람들)를 나눠라.
> 이후 동원의 문제를 생각해야 한다. 단지 일회적인 감동을 주는 것이 목적이 되어서는 안 된다. 보고를 받은 교회(공동체)에서 구체적인 기도와 물질의 동역과 동원이 일어나는 것을 목표로 삼아야 한다.
>
> **② 사역자 개인의 간증**(변화된 부분과 에피소드 위주로)
> 자신의 간증을 통해 청중에게 선교지에서의 감동과 은혜를 간접적으로 전해줘야 한다. 그들(후원자들)은 감동받을 권리가 있다. (하나님을 새롭게 만났던 경험, 패러다임이 변했던 경험, 현지인과의 감동적인 에피소드 등)
>
> **③ 구체적인 기도제목을 나누고 기도**

J시에서 2년간 단기선교를 하고 돌아온 A형제는 선교를 마무리하면서 15분짜리 동영상을 마련했다. 자신의 목소리로 잔잔하게 설명하면서 선교지의 풍습, 자신의 생활, 했던 사역에 대해 소개하고 앞으로의 계획을 간략히 설명하는 영상이었는데, 생각보다 효과가 컸다. 특히 곧 다시 장기선교사로 나가기로 결정한 A형제는 여러 교회를 다니면서 선교보고를 할 때, 이 영상의 도움을 톡톡히 보았다. 선교보고를 하러 가면, 대개 교회는 저녁예배나 수요예배 시간에 40분 정도의 시간을 주었다. 그러면 그중 15분은 영상으로, 25분 정도는 직접 간증하는 시간으로 활용하였다. 영상을 본 사람들은 이 A형제를 오래 기억하고 기도해 주었다.

그런데 A형제가 선교지에서 이 영상을 준비하는 데는 적잖은 노력이 들어갔다. A형제는 그 방면에 조금 경험이 있었기 때문에 자신이 직접 대본을 쓰고 촬영도 했다. 편집은 더욱 전문적인 분야이기 때문에 기술이 있는 사람의 도움을 얻었다. 대본을 쓰고, 촬영과 녹음, 그리고 함께 밤을 새면서 편집을 하고……. 15분짜리 영상을 만들기 위해서 두 달을 고생했다. 그런데 그럴 만한 가치가 있는 일일까? 당연히 있다. 그것은 선교보고를 해보면 안다. 영상이 없는 간증을 40분이나 듣고 있는 청중은 쉽게 지루해진다. 이때 영상은 천군만마와 같은 도움을 준다. 하지만 A형제는 15분의 영상이 조금 길다는 생각이 들었다고 한다. 10-12분 정도가 적당하지 않을까?

귀국한 단기선교사 중 일부는 아예 선교보고의 기회를 얻지 못할 수도 있습니다. 그렇다면 우선은 자신이 속한 공동체, 예를 들어 청년부나 다른 소모임에서라도 기회를 청하는 것이 좋고 친구들에게 나누는 것도 가능합니다. 선교지의 경험을 나눌 때 성령께서 사람들의 마음을 움직이시기 때문입니다.

그러나 선교보고의 기회를 얻지 못하더라도 마음 상할 필요는 없습니다. 선교보고가 단기선교 자체는 아니니까요. 보고하지 않았다고 단기선교사의 선교지 경험이 없어지거나 손상되는 것은 아니지 않습니까.

Step 31
단기선교는 아직 끝나지 않았다

선교지를 떠나왔지만 아직도 선교지에서 일어나고 있는 일을 들으면 흥분이 됩니다.
그렇다면 본국에 돌아온 단기선교사는 앞으로 선교지와 어떤 관계를 맺어야 할까요?

선교지를 떠나왔지만 아직도 선교지에서 일어나고 있는 일을 들으면 흥분이 됩니다. 그렇다면 본국에 돌아온 단기선교사는 앞으로 선교지와 어떤 관계를 맺어야 할까요?

첫째는 선교지를 위해 계속 기도함으로 도울 수 있습니다. 선교지의 상황을 누구보다 잘 아는 단기선교사야말로 누구보다 더 잘 기도할 수 있고, 그래야 할 사명도 있습니다. 주변의 사람들과 작은 그룹을 만들어 선교지를 위한 기도회를 만드는 것도 아주 좋은 방법입니다. 둘째는 가능하다면 선교지에 물질적으로 후원하라는 것입니다. 후원하는 방법은 현지의 일꾼을 후원하는 방법과 현지 선교팀을 후원하는 방법이 있는데, 어떤 경우에도 현지 팀장과 사전에 의논해야 합니다. 셋째는 사람을 보내는 것입니다. 주변에 적합한 사람, 특히 선교의 꿈이 있지만 지역을 결정하지 못한 사람이 있다면 선교지의 사정을 설명해 주고 가서 선교에 동참할 것을 권할 수 있습니다.

선교사역의 특성상 유난히 단기선교사가 많은 G팀은 매년 몇 명씩의 단기선교사를 받고 돌려보낸다. 새 단기선교사를 받을 때면 그들의 적응을 돕기 위해 나머지 사람들이 다 그 일에 매달려야 했고, 임기를 마치고 눈물을 흘리며 헤어지는 단기선교사를 향해 손을 흔들 때는 참 섭섭한 마음이 들었다. 하지만 어느 날, 자칭 "G팀의 홍보대사"라는 귀국한 단기선교사가 보낸 이메일을 받아 보고서, G팀의 팀장은 그동안 돌려보낸 단기선교사의 수만큼 홍보대사를 두었다는 것을 알게 되었다. 마음이 든든했다. 더욱이 얼마 후, 현지인 지도자의 연수를 위해 한국에서 한 달을 머물렀는데 그 기간에 경험한 수많은 홍보대사들의 활약은 그야말로 대단했다. 그들은 현지인 지도자를 데리고 다니며 이곳저곳을 구경시켜주고, 정성껏 접대해 주었다. 그들이 없었다면 팀장이 일일이 데리고 다녀야 했겠지만, 그들 덕분에 팀장도 함께 즐거운 마음으로 구경하고 쉴 수 있었다.

귀국한 단기선교사는 그런 감동과 추억을 아름답게 간직하고, 기도의 동역자와 홍보대사로서의 역할을 충분히 감당해야 합니다. 하지만, 현지인과의 관계는 과감하게 정리해 주어야 합니다. 다시 강조하지만, 이제 그들을 돌보는 것은 현지 선교사들의 몫입니다.
 정말로 선교지를 잊을 수 없고, 그 형제자매들이 생각나거든 좋은 해결책이 있습니다.
 다시 장기선교사로 지원하는 것입니다!

SM 08>> SMTC의 사후프로그램, SM School

선교지에서 일정기간을 마치고 다시 고향으로 돌아온 단기선교사들이 본국에 적응하는 모습을 가까이서 지켜본 적이 있는지요? 처음 선교현장에 들어가 정착하고 적응할 때보다 더 많은 시행착오와 역 문화충격을 경험하며 힘겨워하는 모습을 곁에서 지켜보기란 참으로 힘든 일입니다. 선교지에서 갓 돌아온 이들이 본국에 잘 적응하도록 돕는 것은 처음 내보내기 위해 훈련하는 것만큼 중요한 일입니다.

죠이선교회에서는 귀국한 단기선교사를 위해 재적응 프로그램인 SM School을 운영하고 있습니다. SM School은 하나님이 지도자를 세우시는 전체 인생주기를 연구함으로써 돌아온 단기선교사(SMer)가 전체 시간선 위에서 자신이 현재 어떤 위치에 있는가를 확인하고, 앞으로 가야 할 다음 단계를 기대하며, 이때 예측되는 어려움(고립)에 대비하도록 돕고 있습니다.

이 훈련의 전체 과정은 동료 단기선교사들과 선배 단기선교사들의 대화와 나눔을 기본으로 진행됩니다. 이 과정을 통해 SMer들은 건강하게 위기상황에 직면하고, 다음 스텝을 향한 새로운 기대와 비전을 품게 됩니다.

※ SM School 커리큘럼

	제 목	내 용
제1강	지도자의 인생주기	클린턴 교수의 평생 지도력 개발 이론 중
제2강	고립(Isolation)	클린턴 교수의 평생 지도력 개발 이론 중
제3강	이제는 한국이다!	선배 단기선교사들과의 만남
제4강	What's next?	Harvest Connection : 선교 헌신과 헌신 이후의 과정들
제5강	수료예배와 파송식	낯선 고향으로의 힘찬 파송식

Step 32

새로 열린 길

단기선교를 경험하고 선교지를 경험하면서 이전에는 알지 못했던 길이
새롭게 열리는 것을 느낄 것입니다.

단기선교를 경험하고 선교지를 경험하면서 이전에는 알지 못했던 길이 새롭게 열리는 것을 느낄 것입니다. 가까이에서 장기선교사의 삶을 지켜보고 스스로 선교사역이 무엇임을 체험하면서 가치 있는 삶에 평생 헌신하고 싶은 생각이 들기 시작합니다. 장기선교사로 헌신하는 방법도 여러 가지가 있지만 단기선교를 경험한 후에 장기선교사가 되는 것은 가장 안전하고 좋은 방법입니다. 선교가 무엇인지, 선교지가 어떤 곳인지 충분히 이해하고 있으며 언어적으로도 훈련된 선교사가 탄생하는 것입니다.

하지만 기억할 것은 장기선교사가 되는 과정은 단기선교사가 되는 과정과는 상당히 다르다는 것입니다. 그 근본적인 차이는 '평생'이라는 단어에서 옵니다. 장기선교사는 "앞으로 평생 이 일을 하겠습니다"라고 헌신하는 것이기 때문에 더욱 무게 있는 결정입니다.

장기선교사의 길이 결혼과 같다면 단기선교사의 길은 연애기간과 같습니다. 결혼이 깨질 수 없는 약속으로 맺어진 평생의 결심이

듯이, 장기선교사의 길도 한번 들어서면 다시 물러서서는 안 되는 평생의 헌신입니다. 반면 단기선교사의 기간은 설렘 속에서 시작하지만 결국 기간이 다하면 끝나는 연애와 같습니다. 모든 연애가 다 결혼으로 이어지는 것은 아니듯이, 모든 단기선교사가 장기선교사가 되는 것은 아닙니다. 연애 중에 이 사람이 나의 평생 반려자가 아니라는 것을 발견하면 물러나야 하듯이, 단기선교사도 이것이 나의 평생의 길인지를 확인하는 과정입니다.

장기선교사로 헌신한 사람들을 위한 준비과정은 이 책에서는 다루지 않겠습니다. 그런 책은 이미 많이 있기 때문입니다. 하지만 무엇보다 첫 걸음은 역시 소명입니다. "주님께서 나를 평생 선교지에서 살고 일하도록 부르셨는가?"에서 출발합니다. 사실 많은 단기선교사가 선교지의 기간 동안 "바로 이것이야!"라고 평생 선교사의 부름을 확인합니다. 어쨌든 장기선교사의 길은 많이 기도하고 신중히 결정해야 합니다.

그리고 장기선교사로 결정했다면 역시 교회의 목사님과 선교위원께 그 의사를 표명하고, 자신을 파송했던 단체와도 의논해야 합니다. 장기선교사로 헌신한 이후의 준비는 엄청나게 많지만 주님의 부르심이 분명하다면, 부르신 주님께서 하나하나 준비시키실 것입니다.

Epilogue

그리스도 안에서
동역자 된
청년단기선교사들에게

장기선교사와 단기선교사의 근본적 차이는 기간에서 오지만, 그로 인해서 선교지에서 생활과 사역이 매우 달라집니다. 하지만 본국에서는 그냥 똑같은 선교사일 뿐입니다. 심하게 말하면 본국 교회의 눈에는 오직 장기선교사만 보이는 것입니다. 선교의 모든 자료와 가르침도 장기선교사를 기준으로 합니다. 그래서 단기선교사는 준비할 때부터 부족함을 느낄 수밖에 없고, 선교지에서도 정체성의 혼란을 겪기 쉽습니다. 그럼에도 불구하고 단기선교사는 엄연한 선교사이며, 선교지의 귀중한 일꾼입니다.

마지막으로 단기선교사의 기간을 의미 있게 보내기 위해 몇 가지 제안을 하려 합니다.

첫째는 하나님과의 관계를 분명히 하라는 것입니다. 선교는 나의 일이 아니라, 하나님의 교회이고 하나님의 사람이며 하나님의 일입니다. 그렇기 때문에 선교사의 삶의 모든 근원은 하나님과의 관계에서 나옵니다. 나를 부르신 분의 소명은 내가 왜 이곳에 있는지, 오늘 아침 무엇을 해야 하는지를 알려줍니다. 거듭되는 낙심 속에서 매일 아침 주님으로부터 오는 신선한 음성은 유일한 힘입니다. 그것이 없는 선교사는 무척 불행한 직업적 복음전도꾼에 불과합니다.

둘째는 일에 집중하지 말고, 인간관계에 집중하라는 것입니다. 선교사역에도 목표와 방법론 그리고 결과가 있지만, 그 모든 사역의 과정은 사람을 통해서 이루어집니다. 더욱이 단기선교사는 혼자서 일하지 않고 동역을 통해서 일하기 때문에 관계가 선교의 본질입니다. 선교지의 모든 것이 사람 사이에서 이루어집니다. 선교는 건물이나 조직을 일으키는 것이 아니고 사람을 키우는 것이므로, 모임을 세우기 전에 사람을 세우고, 주어진 일을 하기 전에 그 일을 통해 세워질 사람을 보아야 합니다. 그리고 절대로, 사역의 열매에 대해 조급해하지 마십시오.

셋째는 비록 단기선교사라 하더라도 언어를 게을리하지 말라는 겁니다. 목숨을 걸고 언어를 익힐 것을 권합니다. 아무리 좋은 것을 갖추고 있더라도 그것을 전달할 수 없으면 상대방은 아무것도 받을 수 없습니다. 그리고 열심히 언어를 익히는 모습은 내가 선교지 문화를 최대한으로 존중하고 있다는 표현입니다. 더욱이 갈고 닦은 언어의 실력은 단기선교가 끝난 후에 가지고 갈 것이 아닙니까?

넷째, 단기선교사의 기간을 하나의 독립된 기간으로 생각하지 말고 인생의 긴 연장선상에서 바라보십시오. 왜냐하면 단기선교사의 선교기간은 사역인 동시에 훈련 과정이기 때문입니다. 그것은 마지막이 아니며 그 뒤의 더 가치 있는 일을 위한 준비라는 의미입니다. 선교지의 기간 중에 단기선교사는 이 사실을 잊지 말고, 그리스도 안에서 계속 성장하며 미래를 위해 준비하기 바랍니다. 선교지에서의 기간과 귀국 후의 시간도 성장의 연속선상에 있기 때문에 매일 한걸음씩 주님께 다가가고 주님을 닮아가야 합니다. 선교는 선교지에서 돌아와서도 나와 내 주변에서 계속해서 진행되고 있는 것입니다.

"Show must go on!"

형제들아 나는 아직 내가 잡은 줄로 여기지 아니하고 오직 한 일 즉 뒤에 있는 것은 잊어버리고 앞에 있는 것을 잡으려고 푯대를 향하여 그리스도 예수 안에서 하나님이 위에서 부르신 부름의 상을 위하여 좇아가노라(빌 3:13-14).

>> 한눈에 보는 '단기선교 A to Z'

준비 →

선교정보와 접촉
- 선교강의 및 설교
- 선교대회 참석
- 선교기도모임 및 기도정보지
- 선교사님과의 교제, 선교지 상황

동참 결정
- 선교에 대한 관심 "원하는 마음"
- 일상적이고 지속적인 기도와 말씀
- 주위 공동체의 경건한 그리스도인과 상담
- 결정하는 데 있어서 마음의 평안

소명 확인
- 1차적 소명 확인 :
  보편적인 지상명령 (마28:19-20)
- 2차적 소명 확인 :
  "일정 기간 동안 일정한 범위 내에서 선교에 동참하라"는 확신
  자신의 속할 팀의 사역철학,
  내용, 대상, 기간을 파악하고
  받아들이기

자격구비를 위한 훈련체크
- 공통적 자질
  건강 | 경건훈련 | 소명의식 |
  심리적 안정감 | 인간관계능력
- 사역적 자질
  성경지식 | 양육 경험
  특정사역에 필요한 능력 |
  언어 준비

구체적인 준비 →

선교단체와 소속팀 찾기
- 단기파송단체
- 학생단체
- 소속팀 결정 : 사역이 시작된 곳, 함께 일하는 사람들 파악, 역할에 대한 분명한 소통
- 출석 교회팀과의 논의 : 제안, 기도, 간증
- 가족과의 논의 : 간증, 제안

훈련
파송(학생)단체의 단기선교훈련 참여

후원모금
- 예산 산정 : 장기선교사와 상의
- 후원요청자료 준비 : 기도편지 외
  (훈련단체 프로그램 참고)

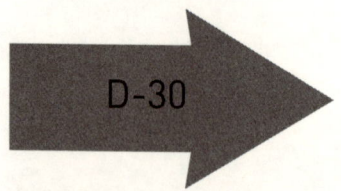

D-30

출국날짜 확정
가족, 교회, 파송단체, 선교팀과 논의 후
확정, 비행기 예약

출국 준비
목록 작성 : 인적 목록, 준비물 목록,
비자 준비, 관련서류 심사, 건강검진, 환전,
현지 필요물품 확인 등
영적, 육체적 준비

➡ 선교지에서　　➡ 귀국 후

도착, 적응
- 입국 초기의 긴급한 해결과제 : 마중, 거처 마련, 계약, 언어학원 등록, 은행계좌, 통신수단 마련, 생활용품 구입
- 문화충격 대비(~3개월)
- 언어학습 : 학원, 기본생활용어 습득
- 경건생활 : 개인 경건습관 정착
- 시간관리 : 목표에 따른 시간 사용
  　　　　　한가한 시간에 대한 적응
- 건강관리 : 현지음식 적응, 관찰, 운동
- 재정관리 : 기록유지, 재정보고 양식 마련, 재정 사용에 대한 현지문화 적응

선교사역
- 사역의 시작 : 팀의 요구와 은사 파악
  　　　　　　충성, 탁월함, 도전정신
  　　　　　　장기선교사와의 소통
- 사역의 종류와 동참
- 관계 세우기 : 현지인, 선교사, 팀장 등
- 소식 전하기 : 이메일, 카드 등

귀국 결정과 준비
- 귀국날짜 결정 : 파송단체, 선교사와
  　　　　　　　소통해서 결정 및 교회에 알리기
- 사역정리 : 목표 점검, 사역 이양
- 짐 정리, 재정 정리, 선물 구입
- 사역보고 준비 : 영상, 자료, 재정 등
- 현지인과 관계 정리

재적응
- 역 문화충격 대비
- 디브리핑 및 사후계획 모색
- 이전 공동체 안에 재적응

선교보고
- 영상, 감사편지, 간증
- 공동체와 보고회 일정 소통

선교지 되돌아보기
- 기도모임 참여
- 재정적 후원
- 동원가의 삶
- 장기선교사 고려

청년단기선교 A to Z

초판발행	2008년 8월 4일
지은이	이충성
발행인	이상웅
발행처	죠이선교회(등록 : 1980. 3. 8. 제5-75호)
홈페이지	www.joybooks.co.kr
주소	130-861 서울특별시 동대문구 제기2동 274-6
전화	출판부	02) 925-0451, 929-3655
	죠이선교회 본부 · 학원사역부	02) 929-3652~4
	전문사역부	02) 921-0691~2
팩스	02) 923-3016
인쇄처	시난기획
제본소	진천제책사
판권소유	ⓒ죠이선교회
ISBN	978-89-421-0273-0

책값은 뒤표지에 있습니다.
잘못된 도서는 교환하여 드립니다.
이 책의 내용을 허락 없이 옮겨 사용할 수 없습니다.